Cinco Vidas Lembradas

Por Dolores Cannon

Tradução: Mayara Junge

2009 por Dolores Cannon,
Primeira tradução para o português – 2024

Todos os direitos reservados. Nenhuma parte deste livro, no todo ou em parte, pode ser reproduzida, transmitida ou utilizada de qualquer forma ou por qualquer meio, eletrônicos, fotográficos ou mecânicos, inclusive fotocópia, gravação ou por qualquer sistema de armazenamento e recuperação de informações sem a permissão por escrito da Ozark Mountain Publishing, Inc., exceto para breves citações incorporadas em artigos literários e resenhas.

Para permissão, serialização, condensação, adaptações ou para nosso catálogo de outras publicações, escreva para Ozark Mountain Publishing, Inc., P.O. box 754, Huntsville, AR 72740, ATTN: Permissions Department (Departamento de Permissões).

Dados de Catalogação em Publicação da Biblioteca do Congresso
Cannon, Dolores, 1931-2014
Five Lives Remembered (Cinco Vidas Lembradas), por Dolores Cannon.
 A história do início da hipnoterapeuta Dolores Cannon no campo da regressão e exploração de vidas passadas.
1. Hipnose 2. Reencarnação 3. Fonte divina 4. Walk-ins
I. Cannon, Dolores, 1931- 2014 II. Reencarnação III. Metafísica IV. Título
Número do cartão de catálogo da Biblioteca do Congresso: 2023947790
ISBN: 978-1-956945-97-3

Arte e layout da capa: Victoria Cooper Art
Livro impresso em: Times New Roman
Design do livro: Nancy Vernon
Tradução: Mayara Junge
Publicado por:

WWW.OZARKMT.COM
Impresso nos Estados Unidos da América

Índice

Introdução	i
Capítulo 1 Preparando o palco	1
Capítulo 2 A cortina se levanta	8
Capítulo 3 A fita de comparação	21
Capítulo 4 A vida de June/Carol	38
Capítulo 5 A morte de June/Carol	68
Capítulo 6 Conhecemos Jane	83
Capítulo 7 Sarah em Boston	113
Capítulo 8 Mary na Inglaterra	128
Capítulo 9 A forte Gretchen	136
Capítulo 10 Um espírito criado	161
Capítulo 11 A vida como um espírito	169
Capítulo 12 Um espírito olha para o futuro	184
Capítulo 13 Kennedy e o escorpião	197
Capítulo 14 A cortina desce	208
Epílogo	217
Página da autora	221

Introdução

Desde 1979, venho trabalhando diligentemente nos campos de reencarnação, terapia e pesquisa de vidas passadas. A princípio, isso era frequentemente ridicularizado por aqueles que atuavam no meio profissional. Mas nos últimos anos, tornou-se uma ferramenta valiosa no tratamento de problemas de saúde, fobias, alergias, problemas de relacionamento familiar, etc., que não reagem aos tipos convencionais de terapia. Muitos psicólogos agora fazem uso destas terapias e admitem que não é importante acreditar na existência de vidas passadas. O importante é que ajude o cliente e, como tal, é uma ferramenta valiosa usada para explorar o subconsciente. Foi descoberto que a raiz de muitos problemas deriva de traumas ocorridos em outras vidas. Muitas vezes esses traumas não são causados por uma única vida passada, mas são um padrão que se estabeleceu e se repetiu e que é tão forte que se estendeu até a vida presente.

Este é o tipo de trabalho que venho fazendo desde 1979. No entanto, muitas pessoas que queriam explorar suas vidas passadas não estavam à procura de respostas às complicações desta vida. Muitas delas vieram até mim por curiosidade. Elas simplesmente queriam ver se realmente haviam vivido antes. Muitas vezes, nos casos em que não havia objetivo real ou propósito, o sujeito teria acesso a vidas passadas mundanas e comuns. Onde havia um sentido válido para explorar as regiões ocultas de suas mentes, os resultados e informações poderiam ser bastante estarrecedoras. O impressionante é que a maioria dos sujeitos obtém informações que sugerem que já viveram antes. Quanto mais profundo for o nível de transe hipnótico, mais informações são apresentadas. Eu descobri que os melhores sujeitos para a pesquisa da reencarnação são os sujeitos sonâmbulos. Estas pessoas podem entrar no nível mais profundo possível de hipnose muito facilmente, e enquanto lá, eles literalmente se tornam a personalidade de vidas passadas em cada detalhe. Durante meus anos de terapia e pesquisa, encontrei todos os exemplos possíveis, mas ocasionalmente eu descobriria alguém que vivia em um período de tempo ou conhecia uma pessoa importante. Assim, eu escrevi meus livros sobre estes casos fascinantes. Isto produziu as Conversas com a trilogia de Nostradamus, Jesus e os Essênios, Caminharam com Jesus, Entre a Morte e a Vida, e Uma Alma Lembra-se de Hiroshima. Depois se expandiu em meu trabalho com Casos UFO/Extraterrestres: Keepers of the Garden, The Legend of Starcrash, Legacy From the Stars, The Custodians, e finalmente as séries metafísicas avançadas: O Universo Convoluto. O meu trabalho com a hipnose se expandiu à medida que eu desenvolvia uma técnica especializada para ajudar as pessoas a se curarem através do uso de suas mentes e contato com seu Eu Superior. Agora estou ensinando este método em todo o mundo. Ainda estou escrevendo mais livros relacionados às minhas aventuras além dos portais do tempo e do espaço.

Ocasionalmente, durante minhas entrevistas de rádio e TV e minhas palestras, perguntas serão feitas: "Afinal, como você entrou nisso? O que a fez começar a fazer hipnose? Se o tempo é suficiente, eu tento explicar desde o início. Se não houver tempo suficiente, eu lhes conto que é uma longa história e que é contada no primeiro livro que escrevi, Five Lives Remembered (Cinco Vidas Lembradas). Pessoas que conhecem meus outros livros ficam confusas e perguntam: "Por que este livro não foi publicado?" A resposta é: "Eu tentei!" Muitas vezes os livros estão à frente de seu tempo, e esse foi o caso com este. Quando eu o escrevi não existiam livrarias New Age, e as livrarias normais só tinham uma prateleira, ou menos, reservada para livros metafísicos. Era um gênero cujo tempo ainda não tinha chegado. Eu enviei o manuscrito repetidas vezes, e só recebi cartas de rejeição. Uma editora disse, "Bem, se você tivesse regredido um ator famoso, nós poderíamos considerá-lo. Talvez aí alguém se interessaria".

Após anos tentando e sem obter resultados, eu coloquei o manuscrito de lado em meu arquivo e prossegui com meu trabalho. Isso não significava que eu tivesse parado de escrever. Pelo contrário, quando comecei meu trabalho de terapia de regressão com seriedade, as informações brotaram através de vários clientes, e comecei a escrever outros livros, enquanto Cinco Vidas Lembradas foi esquecido. Acabou levando nove anos e muito desgosto e desapontamento antes de encontrar minha primeira editora. Naquela época eu já havia concluído mais cinco livros. Ao longo do caminho, experimentei todas as decepções possíveis que podem acometer um autor. Muitas vezes eu quis gritar: "Eu não posso fazer isso! Dói demais"! Cada vez que chego às profundezas do desespero e penso que deveria simplesmente desistir, jogar o manuscrito contra a parede e voltar à vida "normal", o pensamento vinha, "Tudo bem. Se você quiser desistir, o que você vai fazer com sua vida?"... A resposta sempre era: "Eu não quero fazer nada além de escrever". Assim eu segurava as lágrimas e começava um novo livro, sem saber se seria publicado.

Quando faço palestras em conferências por escrito, digo a escritores aspirantes, "Você escreveu um livro, e agora? Aquele primeiro livro pode nunca ser publicado. Você deve continuar escrevendo. Pode ser que o segundo ou o quarto seja publicado. Se você é um verdadeiro escritor, você não pode deixar de escrever. Torna-se uma tal compulsão que você prefere escrever do que comer. Quando chegar a esse ponto, você saberá sua missão". A energia por trás dela terá se tornado tão grande que os livros se materializarão, pois é uma lei do universo.

Afinal, foram os meus quarto, quinto e sexto livros que foram os primeiros a serem publicados (a trilogia Nostradamus), e os outros seguiram. Agora sei que aquele período sombrio de minha vida foi meu tempo de prova. Estavam me dando uma chance de desistir se eu quisesse. Uma chance de ter uma vida normal, se fosse isso que eu escolhesse. Agora eu sei que uma vez que uma pessoa assume um compromisso, não haverá mais volta, ou a pessoa nunca encontrará felicidade. É por isso que eu digo às pessoas para nunca desistam de seu sonho. Meu tempo de prova passou, o compromisso foi assumido, e agora meus livros estão traduzidos em pelo menos vinte idiomas. Eles se tornaram vivos. Criaram uma vida própria. Isso nunca teria acontecido se eu tivesse desistido.

Ao longo dos quarenta anos desde meu início neste campo, minha crianças e meus leitores perguntaram: "Por que você não publica aquele primeiro livro? Você sabe que há um interesse, porque as pessoas sempre perguntam sobre o seu começo". Tanta coisa aconteceu desde que eu escrevi esse livro em 1980, que eu pensei que pareceria um livro simples e uma história ingênua, especialmente em comparação com os passos que dei e os avanços que fiz desde então. Assim o manuscrito ficou à mercê em meu arquivo até o início de 2009. Encontrei-o novamente quando estava reformando minha casa e limpando meus arquivos antigos. Quando o segurava em minhas mãos, ele pareceu me dizer: "Está na hora"! Então o entreguei para minha filha Julia, e lhe pedi para lê-lo e me dizer o que pensava. "É muito antigo? Está desatualizado? É muito simples e ingênuo"? Sua resposta, depois que ela a leu, foi: "Não, mãe, é um livro ponte. É uma cápsula do tempo, um pedaço de história. As pessoas precisam saber como você começou e que não foi uma viagem fácil". Portanto, aqui está a introdução do processo que me lançou nesta carreira incomum.

Sim, é simples e ingênuo porque é assim que eu e meu marido éramos quando descobrimos a regressão de vidas passadas. Nós literalmente tropeçamos nela, enquanto ele fazia hipnose de rotina em 1968. Eu não poderia ter contado a história omitindo a maravilha e admiração que sentíamos na época. Estávamos descobrindo e ouvindo conceitos que eram totalmente desconhecidos para nós. Havia apenas uma pequena quantidade de literatura popular sobre reencarnação na época, e pouco ou nada sobre a regressão hipnótica de vidas passadas. Metafísica era uma palavra desconhecida, e o termo "Nova Era" ainda não tinha sido cunhado. A ideia de conversar com as pessoas após a sua morte e antes de nascerem, eram conceitos surpreendentes. Nós não tínhamos preparação, assim a história é contada de maneira simples e ingênua da forma que surgiu. Esta é a história do meu início, embora se concentre mais em meu marido do que em mim. Este é muitas vezes o caminho que as coisas acontecem, através de ocorrências fortuitas e reuniões que alteram nossas vidas e nossas formas de pensar para sempre. Muitas vezes me pergunto que caminho eu teria escolhido para a minha vida, se não tivesse sido pela nossa aventura de reencarnação em 1968. Ela abriu uma porta que nunca poderá ser fechada, e sou grata por isso. A coisa surpreendente é que em minhas pesquisas posteriores ao longo dos anos, nenhuma das ideias apresentadas neste livro foram contrariadas. Naquela época, elas eram frescas, surpreendentes e incomuns, mas durante os anos que se seguiram elas foram meramente reforçadas pela validação de inúmeros (milhares) de casos, repetindo a mesma informação com outras palavras.

Seja bem-vindo à entrada no mundo do desconhecido.

Capítulo 1
Preparando o palco

Este livro é a história de um experimento hipnótico no fenômeno da reencarnação. Ocorreu em 1968 e foi conduzido por um grupo de pessoas comuns. Era uma aventura que teria um efeito profundo em suas vidas e seus pensamentos para todos os tempos. Pensei que faria muito bem compartilhar o que descobrimos com os outros. Outros que, como nós mesmos na época, estávamos tateando algumas respostas que fariam sentido a partir de um mundo caótico que, na superfície, parece não ter respostas reais. O que encontramos tem ajudado algumas pessoas e alarmado outros. O que encontramos mudou nossa visão de vida e morte para sempre. Não podemos mais temer a morte porque ela não é mais o terrível desconhecido.

Eu disse que era uma aventura envolvendo pessoas comuns. Mas quem realmente é comum? Toda criatura é criada por Deus e posta neste planeta confuso e atrapalhado e tem alguma característica única que os diferencia de todos os outros. Certamente, havia muito sobre Johnny Cannon que não era comum.

Se nossa história é para ter a credibilidade que merece, você precisa saber algo sobre as pessoas envolvidas, e como tudo aconteceu. Mas como você pode comprimir a vida de uma pessoa em alguns parágrafos curtos? Eu terei que tentar.

Johnny Cannon nasceu em Kansas City, Missouri, em 1931 e entrou na Marinha dos EUA como um jovem de 17 anos. Mesmo nessa tenra idade, ele tinha uma qualidade especial de simpatia e cuidado amigável pelos outros que inspiraram confiança e afeto em quase todos ele conheceu. Sua tez escura, um legado da linhagem do sangue índio americano em sua ancestralidade, dava um contraste marcante a seus olhos azuis surpreendentemente brilhantes. Nenhuma foto de Johnny Cannon seria completa sem a inevitável xícara de café em uma mão e cachimbo na outra.

Johnny e eu nos casamos em 1951 enquanto ele estava alocado em St. Louis, Missouri. Durante seus 21 anos na Marinha, nós dois vimos uma grande parte do mundo. Acompanhei-o o máximo que pude, criando quatro crianças ao longo do caminho. Como Controlador Aéreo, seu trabalho era monitorar o radar e falar com os pilotos de aviões aterrissando e decolando, tanto em aeródromos como em porta-aviões.

Fomos alocados para Sangley Point, nas Ilhas Filipinas em 1960, quando ele se interessou pelo hipnotismo. Nos dias antecedentes ao envolvimento na Guerra do Vietnã e antes do Presidente Marcos tomar conta do país, era um lugar maravilhoso e feliz; o que a Marinha chama de "boa base de serviço". Havia muito tempo de lazer, viagens paralelas ocasionais a muitos lugares inesquecíveis e uma casa cheia de criados. Foram dois anos de férias. Em retrospectiva, esses foram alguns dos dias mais felizes de nossas vidas.

Aconteceu que havia outro homem alocado lá que era um hipnotizador profissional, foi treinado no Instituto de Hipnologia de Nova Iorque. Com tanto tempo livre, o homem decidiu dar aulas de hipnotismo e Johnny pensava que fazer o curso seria uma coisa divertida. Mas se tornou um processo longo e envolvente, que se estendeu por cerca de seis meses. Muitos dos outros estudantes perderam o interesse e desistiram. O instrutor não estava se concentrando apenas em técnica, mas em todas as outras facetas do hipnotismo e da mente subconsciente. Assim, quando alguém completou o curso, ele estaria ciente dos perigos que poderiam resultar, e de como evitar as armadilhas. A principal preocupação era proteger o sujeito, e não tentar usar o método para entretenimento. Johnny terminou o curso e se revelou muito adepto ao hipnotismo, embora ele teve pouca ou nenhuma ocasião de utilizá-lo durante vários anos. Outras coisas atrapalharam - como a Guerra do Vietnã.

Tínhamos voltado aos Estados Unidos e estávamos envolvidos na tentativa de cuidarmos de quatro crianças pequenas sem a ajuda dos criados aos quais éramos acostumados. Então, inesperadamente, em 1963, Johnny recebeu ordens para reportar aos Estados Unidos Midway, um porta-aviões, que estava no porto de São Francisco, preparando-se para partir para o Pacífico. As ordens vieram tão de repente que tivemos apenas dois dias para desfazermos de nossa casa, embalar nossos pertences e partir. Eu ainda não estava totalmente recuperada do natimorto de uma menina um mês antes, e isto foi um choque duplo. Quando Johnny chegou em San Francisco, o navio já havia saído do porto e ele tinha que ser levado a ela de avião. Estava a caminho do Vietnã.

Assim começaram três anos de solidão e espera aparentemente sem fim, enquanto eu tentava criar quatro filhos com uma renda limitada sem um pai. É uma história familiar para todos que já serviram. O porta-aviões foi o primeiro a chegar ao Vietnã com a guerra progredindo e o primeiro a lançar bombas. O navio recebeu uma citação por abater o primeiro jato MIG da guerra.

Depois do que parecia uma eternidade, Johnny estava em casa novamente e estávamos estacionados em uma base de treinamento de jatos em Beeville, Texas. Naquele lugar quente e árido, nos propusemos a tentar compensar esses anos perdidos e seus efeitos sobre as crianças. Foi aqui que nossa aventura começou em 1968.

Curiosamente, começou com o grande temor do cigarro. Muitos métodos de "deixar o hábito" foram experimentados e um que provou ser muito eficaz foi a hipnose. Não demorou muito para que as pessoas descobrissem que Johnny podia hipnotizar, e ele começou a ser muito procurado. Havia muitos que queriam parar de fumar, perder peso, ganhar peso, quebrar hábitos ou aprender a relaxar. Nós nos deparamos com todos os casos normais para os quais o hipnotismo é utilizado. Havia um homem que havia recebido ordens para ir ao Vietnã e ficou muito chateado a ponto de não conseguir dormir. Johnny tentou ajudar a todos. Alguns se ofereceram a pagar pelo seu tempo, mas ele sempre recusava. Eu estava presente em todas as suas sessões, e foi fascinante vê-lo trabalhar. As coisas fluíram tranquilamente durante vários meses até conhecermos Anita Martin (pseudônimo).

Anita era esposa de um marinheiro, na casa dos 30 anos, com três filhos. Nós a conhecemos socialmente e ela e eu éramos ativas no Clube de Esposas da Marinha de Guerra, mas nunca tínhamos sido amigas próximas. Anita era de descendência alemã, loira e justa, um tipo de pessoa amigável e católica por fé. Ela tinha ido ao médico da Base para tratamento de problemas renais e hipertensão arterial, ambos os quais foram agravados pelo excesso de peso. Ela não conseguia perder peso, e o médico estava tendo dificuldades para baixar sua pressão arterial. Tudo isso combinado com vários problemas pessoais a transformaram em uma pessoa com compulsão alimentar. Ela nos perguntou se nós achávamos que a hipnose poderia ajudá-la a relaxar, aliviar a tensão e impedi-la de comer tanto assim.

Normalmente, Johnny não lidaria com nada da área de um médico porque ele sabia que não era qualificado nesse aspecto. Mas o médico nos conhecia, e quando Anita discutiu com ele o que ela queria fazer, ele concordou que a hipnose não poderia fazer mal e poderia até ajudar. Ele estaria monitorando os resultados.

Quando fomos à casa de Anita pela primeira vez, Johnny estava surpreendido por ela ter entrado em transe tão rapidamente. Ele conduziu vários testes, e ela se mostrou sendo uma daquelas pessoas incomuns que podem entrar imediatamente em um transe profundo. Ela disse mais tarde que ela sempre imaginou que ela não teria problemas em ser hipnotizada; pois ela não tinha reservas mentais. Este tipo de sujeito é chamado de um sonâmbulo.

Johnny trabalhou com ela por muitas semanas, dando-lhe sugestões para relaxar. Ele lhe deu sugestões que, se tentada a comer em excesso, ela teria uma imagem mental da garota que ela queria parecer, e isso a impediria de atacar a geladeira. Tudo parecia estar funcionando porque o médico relatou que pela primeira vez sua pressão arterial estava baixando e seus rins estavam melhorando. Seu peso também caiu significativamente. Eventualmente, enquanto Johnny trabalhava com ela, sua saúde chegou ao ponto de estar muito próxima do normal.

Em suas tentativas de verificar a validade de seu transe, Johnny muitas vezes a fez regredir até a infância. Em tais ocasiões, nós dois ficávamos profundamente impressionados com a plenitude de sua regressão. Ela se tornava muito articulada, falando e falando, entrando em detalhes elaborados e que exigem pouco ou nenhum estímulo. Ao contrário da maioria dos sujeitos hipnotizados, que necessitam de um bom interrogatório para reações, ela parecia tornar-se literalmente a criança que havia sido, tanto na fala como nos maneirismos.

Um dia ela relatou que ouvira falar de supostas regressões para vidas passadas, e se perguntava se havia algo na ideia de reencarnação. Também tínhamos ouvido falar de tais coisas, embora na década de 60 não houvesse tantos relatórios como há hoje. A ideia ainda era nova e assustadora. Os únicos livros que tínhamos lido naquela época que tratava da reencarnação e de regressões feitas através da hipnose em vidas passadas foram a busca de Search for Bridey Murphy de Morey Bernstein e The Enigma of Reincarnation de Brad Steiger. Search for the Girl with the Blue Eyes de Jess Stern foi lançado após termos finalizado a nossa experiência. Os muitos outros livros sobre este assunto não apareceram até os anos 70. Assim, era extremamente difícil de encontrar qualquer coisa em forma de livro em 1968 para usar como uma diretriz.

Dissemos a ela que achávamos o assunto muito intrigante, mas que nunca havíamos encontrado alguém antes que estivesse disposto a tentar tal experiência. Ela estava curiosa para ver o que, se alguma coisa iria acontecer; mas todos nós estaríamos tateando no escuro. Seria a primeira tentativa para todos nós. Johnny não tinha instruções sobre como proceder ou quais resultados esperar. Estávamos nos movendo para o desconhecido total.

Tínhamos um excelente gravador, uma coisa grande e incômoda, que usavam grandes bobinas de 8 polegadas de fita magnética. Era considerado um portátil, mas era difícil de transportar. Assim, esta fase do trabalho foi toda realizada em nossa casa.

Quando chegou o dia da experiência todos nós estávamos entusiasmados e cheios de antecipação. Johnny disse que era importante que ele não a influenciasse com nenhuma sugestão, portanto ele seria extremamente cuidadoso com o que ele falaria. Não tínhamos a menor ideia do que esperar.

Foi assim que começou, como uma curiosidade, uma oportunidade única para experienciar e discutir mais tarde. Pouco percebemos que abriríamos a Caixa de Pandora. O gravador estava pronto quando Anita se sentou na poltrona reclinável e entrou fácil e rapidamente em transe, como ela já tinha feito tantas vezes antes. Johnny a levou lentamente de volta aos anos de sua infância. Quase muito lentamente, deliberadamente, como se ele tivesse medo de dar o salto além do conhecido e familiar.

Primeiro, nós a vimos como uma menina de dez anos, falando de um novo castigo cabeludo que sua mãe havia lhe dado, e sobre uma nova palavra: "apóstrofe", que ela tinha aprendido naquele dia na escola.

Em seguida, ela era uma menina de seis anos, que tinha desembrulhado alguns dos seus presentes debaixo da árvore de Natal antes do que ela deveria, e agora estava preocupada em como embrulhá-los novamente. Depois, como uma pequena menina de dois anos brincando na banheira. Em seguida, um bebê de um mês.

- "Eu vejo um bebê em um berço branco", disse ela. "Sou eu?"

Respirando fundo, Johnny disse: "Vou contar até cinco", e quando eu chegar aos cinco, você estará de volta antes de ter nascido. Um, dois, três, quatro, cinco. O que você vê?"

"Está tudo preto!"

"Você sabe onde você está?", perguntou ele. Anita disse que não sabia.

Ele continuou: "Assim que eu contar até dez, vamos viajar ainda mais para trás...O que você vê agora?"

"Estou em um carro", respondeu ela.

O quê? Isto foi uma grande decepção emocional. Nós tínhamos pensado que se ela voltaria a uma vida passada, que seria certamente muito antes do tempo do automóvel. Mas um carro? Isso soava muito moderno. Certamente tínhamos falhado!

"É um carro grande, preto e brilhante", exclamou ela. "Um Packard, e eu acabei de comprá-lo.

"Você comprou? Em que cidade estamos?"

"Estamos em Illinois. Estamos em Chicago".

"Entendo. E em que ano estamos?"

Anita se deslocou na cadeira e literalmente se tornou outra pessoa. "Você não sabe em que ano estamos?" Ela riu: "Bem, bobinho, estamos em 1922"!

Afinal de contas, tínhamos conseguido! Sabíamos que ela tinha nascido nesta vida atual em 1936. Então, aparentemente ela havia regressado a outra vida, embora bastante recente. Johnny e eu ficamos estupefatos. Ele sorriu um pouco enquanto tentava apressadamente pensar no que fazer a seguir. Agora que a porta foi aberta, como ele deveria prosseguir? Durante os meses seguintes, inventamos nossa própria técnica e método de procedimento à medida que abrimos uma trilha para um território previamente desconhecido.

Capítulo 2
A cortina se levanta

Não tentarei oferecer nenhuma explicação para o que se segue, pois quem somos nós para saber? Não apresentarei nenhuma teoria sobre reencarnação. Há muitos livros no mercado que podem fazer isso muito melhor. O que apresentarei a você nos próximos capítulos é um fenômeno, e contarei seu efeito sobre todos os envolvidos. Começamos como céticos, mas agora acreditamos. Por meio de nosso experimento, acreditamos que a morte não é o fim, mas apenas o começo. Nossas descobertas sugerem fortemente que continuamos a existir no tempo e espaço conhecendo muitas existências, sempre imortais. Acreditamos nisso porque essa aventura aconteceu conosco. Não podemos esperar que outras pessoas reajam da mesma forma. Mas muitas pessoas que ouviram as gravações em fita disseram que isso mexeu profundamente com elas. Que o que ouviram foi maravilhoso e inspirador. Muitas dessas pessoas não têm mais medo da vida, da morte ou da vida no além. Se isso for possível para apenas alguns, então vale a pena contar.

Entre a primavera e o outono de 1968, realizamos sessões regulares em que Anita reviveu uma série de aparentes reencarnações. Tentei, por meio de muitas cartas e de uma grande quantidade de outras pesquisas, verificar algumas de suas declarações. Mas, embora sua última vida tenha terminado em 1927, uma época bastante recente, foi uma tarefa difícil, senão impossível. Às vezes eu ficava entusiasmada com os resultados mas, com muita frequência, ficava frustrada. Quando consegui verificar algo, o inclui na narrativa. Talvez alguém em algum lugar saiba mais do que nós e possa fornecer mais provas do que eu jamais poderia esperar. Mas, como Johnny disse: "Há pessoas que naturalmente presumirão que tudo isso é uma farsa, porque essas pessoas não nos conhecem. Para elas, nenhuma prova será suficiente, e para aqueles que acreditam, nenhuma prova é necessária. Nós sabemos, porque estávamos lá".

Durante as sessões, houve muita verificação e cruzamento de dados, conforme refletido nas perguntas de Johnny, para ver se Anita voltaria aos mesmos locais e se referiria às mesmas pessoas todas as vezes. Também houve tentativas de confundi-la; nenhuma delas foi bem sucedida. Ela sabia quem era e onde estava em todos os momentos. Assim, as partes e pedaços surgiram em muitas gravações. Algumas eram como as peças de um quebra-cabeça, explicavam algo que havia sido gravado anteriormente. Portanto, para maior clareza e facilidade de acompanhar as histórias, agrupei as informações sobre as várias vidas e dediquei um capítulo separado a cada uma delas. É importante lembrar que elas não ocorreram dessa maneira ordenada, mas fazem todo o sentido quando unidas. Eu não acrescentei nada, exceto nossos comentários. Uma pessoa teria de ouvir as fitas para realmente sentir as emoções e ouvir os diferentes dialetos e mudanças de voz, mas tentarei interpretar da melhor maneira possível.

Então, que suba a cortina para a nossa aventura.

Conforme apresentado no Capítulo I, a primeira personalidade que encontramos nessa viagem ao passado foi uma mulher que vivia em Chicago na década de 1920. O tom de sua voz e os maneirismos sugerem um tipo de pessoa totalmente diferente daquela que estava sentada em um transe profundo diante de nós. O texto a seguir é uma parte dessa primeira sessão, para que o leitor possa conhecer esse personagem divertido, como nós o fizemos. Outras partes da primeira sessão serão incorporadas nos capítulos seguintes à medida que eu colocar sua vida colorida em ordem cronológica.

As letras "J" e "A" representam Johnny e Anita, e, de tempos em tempos, omitirei a contagem e outras rotinas durante a regressão para facilitar a leitura.

A: Estou em um carro grande, preto e brilhante. Acabei de comprá-lo! Um Packard!
J: Não é legal ter um carro grande e preto?
A: (Sua voz ficou sexy) Tenho muitas coisas legais.
J: Que ano é esse?
A: (Ri) Você não sabe em que ano estamos? Bem, bobinho, é 1922. Todo mundo sabe disso.
J: Bem, eu perco a noção do tempo muito facilmente. Quantos anos você tem?
A: Eu não conto para todo mundo.
J: Sim, eu sei, mas você pode me dizer.

A: Bem, tenho quase 50 anos... mas pareço muito mais jovem.
J: Com certeza parece. Em que cidade estamos?
A: Chicago.
J: E qual é o seu nome?
A: Todos me chamam de June, mas esse é apenas um apelido porque ele não queria que todos soubessem meu nome verdadeiro.
J: Quem não queria que todo mundo soubesse?
A: Meu namorado. Acho que ele não quer que sua esposa saiba.

Esse comentário foi um pouco surpreendente, muito fora do padrão de Anita. Que tipo de pessoa havíamos encontrado aqui?

J: Qual é seu nome verdadeiro?
A: Carolyn Lambert.
J: E você acabou de comprar esse carro novo.
A: Bem, na verdade ele comprou para mim e vai me ensinar a dirigir, mas agora eu tenho um motorista.
J: Você deve ter muito dinheiro?
A: Meu namorado tem. Ele me dá tudo o que eu peço.
J: Ele parece ser um namorado muito bom. Qual é o nome dele?
A: Você não vai contar?
J: Não, não vou contar para ninguém.
A: Bem, o nome dele é Al, e ele tem um nome italiano que é difícil de dizer. Mas eu o chamo de Gracinha. Isso o faz rir e ele me dá mais dinheiro.
J: Onde o Al mora?
A: Ele tem uma grande casa de tijolos e mora com sua esposa e 3 filhos.
J: Você já foi casada?
A: Uma vez, quando eu era muito jovem. Eu não sabia o que estava fazendo. Eu tinha uns 16 anos, acho.
J: Você cresceu lá em Chicago?
A: Não, em uma fazenda não muito longe de Springfield.
J: Quando você foi para Chicago?
A: Quando conheci o Al.
J: Você se divorciou de seu marido?
A: Não, eu simplesmente o deixei. Ele é burro.
J: Que tipo de trabalho ele fazia?
A: (Com desagrado) Fazendeiro.

J: *Você teve filhos?*
A: Não. Não gosto de filhos. Eles te prendem.

Anita é de ascendência alemã e tem cabelos muito loiros e pele clara. A pergunta seguinte de Johnny foi: "Qual é a cor de seu cabelo?"

A: Moreno. Tenho um pouco de grisalho agora, mas não deixo mostrar. O Al gosta que eu pareça jovem.
J: *Quantos anos o Al tem?*
A: Ele não diz, mas acho que ele é mais velho do que eu. Quando vamos a lugares, as pessoas lhe dizem que sou bonita, e ele gosta disso.
J: *Oh? A que tipo de lugares vocês vão?*
A: Vamos a todos os tipos de lugares, lugares a que ninguém deveria ir.
J: *Você tem ido a alguma destas festas grandes ultimamente?*
A: Bem, fomos a uma grande festa na casa do prefeito.
J: *Na casa do prefeito?*
A: Foi o que me disseram. Ele tem uma casa grande no interior. Todos estavam lá, muitas pessoas. O Al conhece todo mundo.
J: *(Lembrando que aparentemente, isso foi durante a Lei Seca). O que você bebeu na festa?*
A: Eles não me disseram o que era mas, cara, o gosto era horrível. Tinha o gosto mais estranho.
J: *Você acha que era o que eles chamam de "gin de banheiro"?* (Aparentemente, ele quis dizer gin de "banheira").
A: (Grande risada) Bem, o Al disse que alguém devia ter feito xixi nele, então pode ser! (Risos)
J: *Sim. É necessário transportar muitas coisas do Canadá.*
A: É mesmo? O Al sabe disso.
J: *Em que tipo de negócio o Al está envolvido? Ele está envolvido em alguma atividade paralela?*
A: Acho que sim. Ele não me conta, porque diz que se eu souber alguma coisa, eles podem me obrigar a contar. Portanto, ele não me conta muito porque não quer que nada aconteça comigo.
J: *Bem, agora vou contar até cinco e, enquanto eu conto, você vai voltar para a época em que você estava em Springfield. Dezesseis anos de idade, este é o dia em que você vai se casar. Que tipo de dia é esse?*

A mudança foi imediata.

A: Inverno. É muito frio. Não consigo me aquecer direito. Há um grande fogo. Rapaz, o vento está uivando. Você simplesmente não consegue se aquecer.

Sua voz havia mudado de uma mulher sexy para uma garota do interior mais jovem.

J: *Onde você está?*
A: Na sala de estar.
J: *A que horas você vai se casar?*
A: Logo depois do almoço.
J: *E quanto tempo temos de esperar agora?*
A: Só estou esperando o padre. Acho que ele está vindo da cidade. O cavalo é lento, está ficando velho, eu acho.
J: *E o homem com quem você vai se casar, qual é o nome dele?*
A: Carl. Carl Steiner.
J: *Então você será a Sra. Carol Steiner?*
A: (Enojada) Não por muito tempo, espero.
J: *(Obviamente surpreso) Oh, você não queria se ... Por que está se casando?*
A: Papai disse que eu tinha de me casar. Não posso ser uma solteirona. Meu pai disse que ele era um bom partido. Carl é rico; tem muitas terras.
J: *Bem perto de Springfield?*
A: Sim, não muito longe.
J: *Você estudou no ensino médio?*
A: Não, não fui à escola.
J: *Nunca foi mesmo?*
A: Bem, fui a uma ou duas séries, mas meu pai dizia que as meninas não precisam aprender absolutamente nada. Tudo o que você precisa fazer é ter bebês e cozinhar.
J: *E em que ano você vai se casar?*
A: Ah, é por volta de 1909, 1907. De qualquer forma, não faz diferença. Não vou ficar casada por mais tempo do qual eu possa evitar!
J: *Você tem trabalhado na cidade?*

A: Não, eu trabalho na maldita fazenda. (com nojo) Trabalho, trabalho, trabalho, cozinhar, cuidar da fazenda, ajudar a cuidar das crianças.
J: Você tem muitos irmãos e irmãs?
A: Rapaz, muitos. Sete irmãos e quatro irmãs.
J: Com todos esses irmãos, eles devem fazer o trabalho na fazenda.
A: Bem, alguns deles são pequenos. Ainda não estão muito crescidos. Eles tentam ajudar. Acho que são preguiçosos.
J: Vejamos, seu nome é Lambert? De que nacionalidade você é?
A: Bem, acho que é inglês.
J: E qual é o nome de seu pai?
A: O nome do meu pai? Edward.
J: E o nome de sua mãe?
A: Mary.
J: Eles sempre moraram lá na fazenda?
A: Bem, eu nasci aqui, mas acho que eles vieram de algum outro lugar, há muito tempo. Eu nasci nesta casa.
J: Quantos cômodos há em sua casa?
A: Três.
J: Não fica lotado com todos vocês?
A: Ah, temos um sótão e um loft. Rapaz, esse vento está uivando! Espero que aquele homem não apareça.
J: O pregador ou o Carl?
A: Nenhum dos dois.
J: O Carl ainda não chegou?
A: Oh, acho que ele está falando com o papai no celeiro. (tristemente) Ele está lhe dando dinheiro por mim. Eu sei que está.
J: Quer dizer que ele está comprando você?
A: Acho que está. Uma coisa é certa, eu seguramente não me casaria com ele se não fosse pelo papai.
J: Seu pai é um homem muito rígido?
A: Bem, é melhor você fazer o que ele diz.
J: Onde está sua mãe? Ela está pronta?
A: Sim, ela está pronta. Ela fica me dizendo: "Não chore. Todo mundo tem de se casar. É isso que você deve fazer.
J: Oh, ela está feliz em ver você se casar?
A: Não acho que ela esteja feliz. Acho que ela não está nada.

Nesse ponto, Anita foi levada para a época em que Carol tinha 22 anos, e perguntou o que ela estava fazendo.

A: Preparando-se para fugir da maldita fazenda velha.
J: O Carl ainda tem todo o dinheiro dele?
A: Deve ter. Ele não me deu nada disso.
J: Não deu? Ele o tem enterrado atrás do celeiro em algum lugar?
A: (Ela não achou graça.) Se eu soubesse onde está, eu o pegaria!
J: Vamos ver. Você está casada há cerca de seis anos?
A: Quase. Em breve completará seis anos, neste outono, neste inverno.
J: Você tem filhos?
A: (com desgosto) Não deixo esse homem me tocar.
J: O que você tem feito, só agricultura?
A: Tenho de fazer parte do trabalho. Tenho alguns empregados, mas eles não fazem tudo. Tenho de cozinhar para eles.
J: Para onde você planeja ir quando fugir?
A: (Orgulhosa) Estou indo para uma cidade grande. Estou indo para Chicago.
J: Você está indo sozinha?
A: Não. Estou indo com o Al.
J: Onde você conheceu o Al?
A: Em uma loja em Springfield. Num armazém geral.
J: Enquanto fazia compras lá dentro?
A: Principalmente olhando.
J: O que o Al estava fazendo?
A: (Risos) Olhando para mim. Então ele se aproximou e disse que eu era bonita e perguntou meu nome.
J: Parece que o Al gosta muito de você. Ele vai levá-la para Chicago?
A: Sim. Vou me divertir muito.

Quando a Anita acordou mais tarde, ela disse que tinha uma impressão da cena. Era como os resquícios de um sonho que uma pessoa tem quando acorda, quando ainda consegue se lembrar de alguns pedaços antes de desaparecerem. Ela disse que tinha longos cabelos pretos e estava descalça. Ela viu um homem parado ali, moreno e bonito, um pouco baixo, vestindo um terno listrado e sapatilhas. Ele era o tipo de homem que certamente causaria uma boa impressão nessa simples garota do interior. Aparentemente, a atração era mútua.

J: *Quando você vai fugir?*
A: Vou hoje à noite, quando escurecer.
J: *O Al está indo até a fazenda para buscá-la?*
A: Sim, ele vai me encontrar no portão.
J: *Ele tem um carro?*
A: Sim. Poucas pessoas têm carro agora. Foi por isso que eu soube logo que ele tinha dinheiro. Ele se veste de forma elegante. Ele vai chegar aqui em breve. Está muito escuro.
J: *O que será que o Carl está fazendo?*
A: Dormindo em seu quarto.
J: *Ele ficará surpreso quando acordar e você não estiver por perto, não é mesmo?*
A: (risada curta) Maldito velho tolo.
J: *Está com todas as suas roupas prontas?*
A: (Sarcasticamente) Sim, os dois vestidos. Ha!
J: *Foi só isso que o Carl comprou para você, dois vestidos?*
A: (com raiva) Ele não os comprou. Eu os fiz.
J: *Oh. Você sabe costurar bem?*
A: Não muito, mas é melhor do que ficar sem roupa. Aquele homem não gasta nada. (Pausa longa) Mal posso esperar!
J: *Bem, em breve você estará em Chicago se divertindo muito.*
A: Sim. (Pausa. Um pouco triste.) Sei que ele é casado. Não me importo. Ele me disse que era casado, que não pode se casar comigo, porque já é casado.
J: *Há quanto tempo você o conhece?*
A: Eu o conheci outro dia. Nós nos conhecemos logo de cara, que tudo o que queríamos fazer era fugir. (Pausa, então ela ficou tão empolgada que quase caiu da cadeira). Lá vem ele! (Ela balançou o braço loucamente no ar.) Aqui estou eu! Aqui estou eu!
J: *Ele está com os faróis acesos?*
A: Sim, as lanternas.
J: *Você sabe que tipo de carro seu Al tem?*
A: (Orgulhoso) É um Stanley Steamer. Ele não teria nada além do melhor.
J: *Ele provavelmente pagou muito dinheiro por esse carro.*
A: Ele o tem e vai gastá-lo.

Naquela época, nenhum de nós tinha a menor ideia do que era um Stanley Steamer. Depois de pesquisar, as fotos mostram que o antigo carro tinha, de fato, lanternas, além de faróis. Como eles eram movidos a vapor, eram silenciosos, e teria sido fácil dirigir até a fazenda sem fazer muito barulho.

J: *Bem, você está a caminho agora?*
A: Sim, ainda falta muito para chegar. Sei que temos de ir para o norte. Nós vamos parar algumas noites. Ele vai fazer alguns negócios no caminho. Ele precisa ver algumas pessoas.
J: *Onde?*
A: Não sei. Estou esperando em uma pensão. Uma cidade muito pequena - Upton ou Updike, algo assim, um lugarzinho pequeno. Um lugar esquisito para se fazer negócios. Nós vamos passar a noite aqui. Ele me disse para esperar por ele e manter minha boca fechada. Não contar nada a ninguém.
J: *Então vocês seguirão para Chicago amanhã?*
A: Assim que pudermos chegar lá. O Al disse que vai me ensinar todos os tipos de coisas, falar bonito, andar bem. Vou até ter um espartilho!
J: *(surpreso) Um espartilho? Você precisa de um espartilho?*

A: Acho que não, porque sou muito magra, mas todas as moças bonitas usam espartilhos sob suas roupas. Vou ter tudo.
J: Você acha que o Al vai cuidar bem de você?
A: Sou a garota dele. Nunca me faltará nada.

Nesse ponto, depois de uma pausa, ela parece ter se adiantado no tempo sem que lhe fosse dito para fazer isso. Depois de um pouco de confusão, conseguimos estabelecer onde ela estava.

A: Não preciso cozinhar. Não preciso fazer nada. Eu tenho negros por toda a casa. Vivemos em uma casa grande. Ele não pode ficar comigo o tempo todo, mas está aqui a maior parte do tempo.
J: Oh? Qual é o tamanho da casa que você tem?
A: Dezoito cômodos.
J: Qual é o seu endereço?
A: Fica em uma estrada. Fica um pouco afastado da cidade. Muito particular, então ninguém vê quem entra e sai. Essa é a única coisa de que não gosto. Eu gostava quando morávamos na cidade. Dessa forma eu podia simplesmente caminhar até o centro da cidade sempre que quisesse. Mas o Al diz que é melhor não ser visto demais.
J: Onde vocês moravam na cidade?
A: Quando morávamos no hotel – a casa Gibson. Era bem no centro da cidade.

Mais tarde, quando fiz uma pesquisa, descobri que o Diretório da Cidade de Chicago de 1917 listava o Hotel Gibson, 665 West 63rd St.

A: Mas agora vamos a festas particulares; não podemos ir ao centro da cidade o tempo todo.
J: Festas particulares em casas diferentes?
A: E eu também dou algumas festas badaladas aqui também, rapaz!
J: Em que ano estamos agora?
A: Bem, acho que estamos em 1925.
J: E você comprou essa casa...
A: (Interrompendo) Nós não compramos a casa. Ele a construiu para mim!
J: Ah, ele construiu? Enquanto você estava morando no hotel?
A: Foi por isso que fiquei no hotel, enquanto ele construía a casa.

J: *Você a observou enquanto estava sendo construída?*
A: Eu costumava sair e dar uma olhada. Ele me disse que não havia nada bom demais para mim. Até colocamos banheiros de mármore - dentro também, rapaz! É a mais bonita da Lake Road.
J: *Você consegue ver o lago de sua casa?*
A: Sim, do terraço é possível. Comemos muito lá fora. É tudo envidraçado. Podemos até comer lá fora no inverno.
J: *O terraço tem vista para o lago?*
A: É um pouco longe, mas dá para ver bem.
J: *Quantos anos você tem agora, Carol?*
A: Não gosto de dizer às pessoas quantos anos tenho. Estou me esforçando muito para permanecer jovem. Porque não quero que o Al me troque por outra pessoa.
J: *Oh, não acho que o Al o abandonaria. Ele anda correndo por aí?*
A: Ele não diz isso, mas acho que sim. Ele não vem tantas noites como costumava. Ele ainda é bom para mim, me dá muitas coisas. Roupas bonitas. Posso entrar em qualquer loja e comprar o que eu quiser. Eles me conhecem.
J: *E ele paga por elas?*
A: Acho que sim. Eu simplesmente digo a eles o que quero. Às vezes eu chamo eles e digo o que devem trazer. Eu escolho o que quero e o que eu não quero, eles levam de volta. Isso é vida. Isso é viver! Não era assim na fazenda, isso lhe digo.
J: *Não, acho que não. O Carl alguma vez procurou por você?*
A: Acho que não. O Al e eu achávamos que ele era muito burro mesmo. Ele era velho. Ele só queria que eu trabalhasse para ele, me tocasse e olhasse para mim. Ele era muito velho... 60, 65, um velho careca.
J: *Então ele já deve ter morrido.*
A: Ah, provavelmente sim.
J: *Você acha que algum de seus pais chegou a ir até a cidade?*
A: Ha! Era um grande dia para eles irem às compras em Springfield. Ah! Eles não acreditariam se pudessem me ver. Minha pobre mãe trabalhou até a morte. Mas, rapaz, com certeza não trabalhei. Estou cuidando de mim mesma.

O restante desta sessão será incluído em vários pontos dos capítulos seguintes. Depois que a Anita acordou, ela ficou muito surpresa com a história que havia contado. Enquanto tomávamos uma xícara de café na cozinha, discutimos os detalhes enquanto ela olhava fixamente para nós. Essa foi a primeira vez que descobrimos que o tipo de sujeito sonâmbulo entra em transe tão profundamente que não se lembra de nada ao despertar. Para eles, é semelhante a tirar um cochilo curto. Ela não tinha conhecimento consciente de estar literalmente se transformando em outra personalidade. Nós ficamos com medo de que ela se sentisse envergonhada ou até mesmo insultada porque June/Carol era tão estranha à sua própria personalidade. Mas ela disse que não se sentia assim. Ela conseguia entender os motivos por trás das ações de Carol que a fizeram se comportar como se comportou. Carol tinha sido uma garota confusa e infeliz vivendo naquela fazenda. Não é à toa que ela havia fugido com Al na primeira oportunidade. Anita sentiu pena dela e não a julgou.

No entanto, outra coisa a incomodava: o período de tempo. Ela não tinha absolutamente nenhum interesse na era dos anos 20 e sabia muito pouco sobre. O que a incomodava era a violência daquele período, quando as gangues eram desenfreadas em Chicago. Anita tinha uma aversão terrível à violência em qualquer forma. Esse medo inexplicável a perseguiu durante toda a sua vida, mas parecia não ter nenhum fundamento. Por causa dessa inquietação irracional, ela só assistia a comédias de situação na TV. O programa popular de TV "Intocáveis" ainda estava sendo exibido nas telas de casa nessa época, em 1968. Tratava-se da época para a qual ela havia regredido, mas esse era exatamente o tipo de programa que ela não assistiria. Ela disse que se algum membro de sua família assistisse a esses programas, ela sempre encontrava outra coisa para fazer na cozinha. Sua aversão à violência era causada por algo de uma vida anterior? Ela não havia sido exposta a nenhuma violência indevida nesta vida e era uma pessoa muito tranquila e despretensiosa. Essa possibilidade precisaria ser investigada em sessões futuras, agora que já tínhamos chegado ao passado.

Além disso, Anita nunca tinha estado em Chicago. Ela nasceu e foi criada em Missouri.

Naquela noite, quando Anita chegou em casa, pegou todos os livros que tinha em casa, mesmo os que havia empacotado. Ela estava procurando por algo que pudesse ter lido e que pudesse ter desencadeado uma vida ou fantasia daquele período. Ela não encontrou nada. Ela disse que se fôssemos fazer qualquer pesquisa sobre o período, ela não queria fazer parte disso. Ela não queria colocar nada em sua mente que pudesse influenciar as próximas sessões. Embora ela estivesse confusa, ela também estava curiosa e queria continuar.

Capítulo 3
A fita de comparação

Na sessão seguinte, Johnny queria ver se Anita de fato retornaria à mesma personalidade que havíamos conhecido na semana anterior. Se ela voltasse, ele faria perguntas sobre o período de tempo e tentaria confundi-la para ver se ela permaneceria consistente em suas respostas. Além disso, os anos na primeira gravação não coincidiam. Carol não poderia ter 16 anos em 1907 se ela tinha quase 50 anos em 1922. Portanto, nesta sessão, tentaremos esclarecer o elemento do tempo. Anos mais tarde, eu aprendi que esse é um problema comum ao lidar com regressões. Os indivíduos geralmente ficam confusos em relação ao tempo como o conhecemos, especialmente na primeira vez em que são regredidos. Foi sugerido por outros autores que talvez estejamos lidando com uma parte do cérebro que não reconhece o tempo.

Pensamos que também seria interessante se pudéssemos encontrar algumas informações que pudessem ser verificadas e documentadas. Afinal de contas, a vida de June/Carol só havia acontecido 40 anos antes. Certamente, haviam registros de uma época tão recente. Mas tivemos algumas surpresas.

Anita se acomodou em sua cadeira, pronta para a segunda gravação, e estávamos ansiosos para ver se June/Carol faria outra aparição.

Anita foi regredida em sua vida atual novamente e, em seguida, foi-lhe dito para ir para 1926.

J: O que você vê agora?
A: Estou no meu quintal.
J: E onde você mora?
A: Moro em uma casa de tijolos vermelhos. Ela é branca, tem persianas e terraço. E tudo é vermelho e branco.
J: Que cidade é essa?
A: É em Chicago.

J: *E qual é o seu nome?*
A: Apenas uma ou duas pessoas sabem meu nome verdadeiro. Todo mundo me chama de June.
J: *June? Que nome bonito.*
A: Bonito como um dia de verão. June* (June em inglês significa junho, época de verão no hemisfério norte) é no verão. Foi quando escolhemos esse nome, em junho. Era um dia bonito, eu sou uma garota bonita, então escolhemos June.
J: *Qual é o seu sobrenome?*
A: Não tenho mais um sobrenome. Apenas June.

Parecia que a mesma personalidade havia retornado.

J: *Diga-me seu nome verdadeiro.*
A: Carol Steiner.
J: *E você mora aqui nessa casa de tijolos vermelhos com persianas brancas. Qual é o endereço?*
A: Não tem número; fica na Lake Road. É linda. Há árvores lá. Dá para ver o lago do terraço.
J: *Há quanto tempo você mora em Chicago?*
A: Vim para cá em - ah - deixe-me ver, já faz muito tempo. Estou aqui há cerca de 15 anos, acho, ou 16 anos - talvez 16 anos neste outono.
J: *Isso é muito tempo. Você se mudou de algum outro lugar para Chicago?*
A: Eu vim da fazenda.
J: *Onde ficava a fazenda - em Chicago? (Ele estava tentando confundi-la).*
A: Oh, não. Chicago é uma cidade grande.
J: *Ah, é mesmo? Onde ficava a fazenda?*
A: Perto de Springfield.
J: *Isso é em Illinois?*
A: Sim.
J: *Bem, eu estava pensando - há uma outra cidade chamada Springfield em Missouri também. Parece que já ouvi isso em algum lugar.*
A: (Risos) Nunca ouvi falar. Nunca ouvi falar disso em minha vida.
J: *Você já ouviu falar de Missouri?*

A: Bem, alguém me disse que ficava ao lado de Illinois, mas eu nunca cheguei a conhecer.

Na verdade, nesta vida atual, Anita cresceu no estado de Missouri.

J: *O que você faz o tempo todo? Você trabalha?*
A: Oh, não! Tenho esta casa e me divirto muito. Tenho flores das quais eu cuido.
J: *Você tem muitas festas em sua casa?*
A: Ah, sim, faço muitas festas. E vou a todos os lugares e me mantenho ocupada, se eu tentar.
J: *Quem vai às suas festas?*
A: Amigos do Al. Seus amigos de negócios.
J: *Quem é o Al?*
A: O Al mora aqui comigo.
J: *Esse é o Al Steiner? (Ele estava pregando uma peça novamente.)*
A: (Rindo) Não, o nome dele não é Steiner.
J: *Qual é o nome dele?*
A: É um nome italiano. Não posso contar para ninguém.
J: *O sobrenome do Al não é Capone, é?*

Johnny estava pensando no famoso gângster de Chicago da década de 1920. June rapidamente entrou na defensiva.

A: Nunca o chame pelo sobrenome. Ele me disse para não me preocupar com nada, apenas em manter minha boca fechada. Não faço perguntas, faço o que ele me disser e eu fico bem.
J: *Oh, está tudo bem. Você pode me contar.*
A: Bem, (hesitando) Então você não vai contar?
J: *Não, não vou contar.*
A: É Gagiliano (fonético).
J: *Gugiliano. Estou falando certo?*
A: GA - Gagiliano. É um nome engraçado, não é? Eu mal conseguia pronunciar no começo. Ele me disse que você tem que ser um wop*(termo usado para descrever um italiano ou descendente no sentido pejorativo), mas (risos) eu não sou.
J: *O Al é um homem bonito?*
A: Ele é muito bonito.
J: *Quantos anos o Al tem?*

A: Ele nunca me diz. Se eu perguntar, ele ri e diz que já tem idade o suficiente.
J: E quantos anos você tem?
A: Bem, acho que tenho mais ou menos a idade do Al. (Ela estava ficando chateada.) Não sou muito velha, acho que não - mas pareço mais velha, e - parece que - (sua voz estava sofrida) ... Tenho que lhe contar?
J: Bem, se isso a incomoda, não precisa.
A: Com certeza não quero que o Al saiba.
J: Ah, bem, não vou contar ao Al. Isso fica só entre nós dois.
A: Bem, estou muito perto dos 40 anos. Não quero ficar mais velha, mas acho que tenho de envelhecer. (Isso soou como uma mentira óbvia, mas por razões óbvias). Eu minto sobre isso. Nunca o digo quando é meu aniversário.
J: Que eles parem lá atrás, por volta dos 29 anos?
A: Sim, acho que terei 27 anos para sempre.
J: Vamos ver, você prefere que eu a chame de June ou Carol?
A: É melhor você me chamar de June. O Al ficaria furioso se ouvisse você me chamar de Carol.
J: Ok, June.

 Ele tentou passar para outro assunto e encontrar algo que pudesse ser verificado.

J: Você vai ao cinema?
A: Não, não devo sair muito durante o dia.
J: E à noite? Você vai ao teatro, ou talvez a um show?
A: Vamos assistir a shows - vaudeville* (termo usado para se referir a uma pequena peça teatral, entremeada de coplas). É o que eu mais gosto. Consegui ver o Al Jolson no mês passado.
J: Em que teatro foi isso?
A: O Palace.

 Isso foi confirmado. O teatro Palace estava e está localizado na Rua W. Randolph, 159, em Chicago.

J: É muito caro entrar em um espetáculo como esse?

A: Não sei quanto custa. Eu simplesmente pergunto ao Al se posso ir e ele me leva se puder. Às vezes, ele está muito ocupado, mas geralmente consigo o que quero.

J: *Há algum show de películas em Chicago?*

A: Ouvi dizer que há dois ou três no momento. Já fui a alguns. As pessoas se sacodem, não ficam bem no filme. (Risos) Elas simplesmente não se movem suavemente como as pessoas o fazem.

J: *Eles falam no filme?*

A: Ah, isso é novo, só nos últimos anos - agora eles falam. Costumavam ter palavras lá em cima, mas agora eles falam.

J: *Você já assistiu a algum desses filmes?*

A: Sim, eu fui. Era novo e eu queria ver como era.

J: *Vamos ver... você tem uma vitrola no seu quarto?*

A: Claro, tenho todos os discos.

J: *Qual é o seu favorito?*

A: Eu gosto dos que falam.

J: *Os que falam? Sobre o que eles falam?*

A: Você sabe, aquele sobre os dois garotos negros e eles falam no disco e dizem: "Qual o preço da manteiga?" E ele lhe diz: "Meu Deus, não tenho dinheiro para isso. Apenas me mande graxa". (Isso foi dito com um sotaque negro afetado).

J: *(Grande risada) Ei, isso parece ter saído diretamente de vaudeville.*

A: Sim, é isso que eles são. E Jolson gravou alguns discos. Eu tenho os dele.

J: *Você gosta de Al Jolson?*

A: Sim, até que... Eu realmente não gosto daquela coisa preta no rosto dele. Não sei por que um homem branco quer ter essa aparência. Quando ele tira isso, ele fica muito bonito.

J: *Você tem um rádio?*

A: Sim, eu tenho um. Eu ouço música nele.

J: *Qual é a estação que você mais gosta?*

A: Não sei o nome da estação. Eu a coloco em 65, e tudo entra. (Aqui, Anita levantou a mão e fez os movimentos de girar um grande botão. Há várias, mas você gira um negócio pequeno. Seis cinco é a melhor.

Isso também foi confirmado. A estação de rádio WMAQ de Chicago, que foi fundada em 1922, está localizada em 67 megahertz no visor.

J: Eles têm música o tempo todo?
A: A maior parte do tempo.
J: De que tipo de música você mais gosta?
A: Gosto de Charleston. É novo e muito divertido.
J: O que é isso?
A: É uma dança bonitinha. Ágil. Música alegre. Eu danço muito. Quando começo a dançar, todos se afastam e ficam olhando. Eu sou muito boa, sem dúvida!
J: Que danças você sabe dançar?
A: Ah, eu sei dançar o Charleston e ... Sei dançar o Hoochy-Cooch, onde você vai bem para baixo. É mais divertido do que passos como o Fox Trot. A valsa é muito lenta. Gosto de música rápida.
J: Você já ouviu falar de uma dança chamada Black Bottom?
A: Sim, essa é a que eu lhe falei. Eu a chamo de dança Hoochy-Cooch. Você vai até o chão e se balança enquanto sobe e desce.

Eu não sabia se ela estava certa ou não, mas essa descrição com certeza se encaixaria ao nome Black Bottom.

J: Como é o Charleston? Você pode cantarolar para mim?
A: (Ela cantarolou a melodia tradicional com a qual normalmente o Charleston é dançado). ... e você pode dançar ao som de Charley Boy, Charley My Boy. Essa é uma boa música para dançar. Você fica em um lugar e coloca um pé na frente e o outro pé para trás... um pé na frente e o outro atrás. Você pode fazer todo tipo de coisa a partir desses passos. Estou apenas aprendendo, mas estou me saindo muito bem. Vou aprender melhor.
J: Acho que nunca vi isso.
A: Você não viu? Você nunca sai?
J: Claro, de vez em quando.
A: E nunca houve isso em nenhuma das festas em que você esteve?
J: Não. Bem, você disse que era novidade.
A: Bem, todo mundo já ouviu falar disso! É a última novidade! (Exasperada) Tem certeza de que não ouviu falar?
J: Talvez eu tenha ouvido e só não sabia o que era.

A: Cara! Você não está vivendo!
J: (Grande risada. Percebe-se que ele estava apenas a provocando.) Então você gosta de dançar. Você também canta?
A: Não! O Al tira sarro de mim. Ele diz que eu nem falo muito bonito. (Risos) Às vezes digo coisas que não são corretas, diz ele. Eu deveria falar melhor. Mas eu só dou risada. De qualquer maneira, não é um sotaque italiano. (Risos) Eu me restabeleço, ninguém tira o melhor de mim.
J: Que tipo de vestido você usa quando dança o Charleston?
A: Eu posso contar qual é o meu favorito. Ele é dourado e tem fileiras e mais fileiras de franjas e, quando danço, todas elas tremem e brilham. É muito bonito. E eu uso chinelos dourados.
J: Qual é o comprimento do vestido?
A: Bem, não é muito longo, isso eu posso dizer! Não gosto mais de vestidos longos. Se você tem pernas bonitas, você pode muito bem mostrá-las. Eu os uso para que você possa ver o rouge* (Rouge é um produto de maquiagem em pó ou creme usado para dar cor). em meus joelhos.
J: O que é isso? Rouge nos joelhos?
A: Claro! Todo mundo faz isso. Isso é tudo!
J: Você tem maquiagem no rosto?
A: Claro, um pouco. Eu uso um pouco de rouge porque não quero parecer muito pálida.
J: Qual é a cor do seu cabelo?
A: Ora, sou morena.
J: Isso é natural ou...
A: (Indignada) Eu sempre fui morena!
J: Bem, você sabe que algumas dessas garotas colocam algum tipo de produto no cabelo e mudam a cor dele.
A: Eu não mudo a cor do cabelo. Eu apenas ... cubro um pouco aqui e ali. Um pouco de cinza não fica tão bonito. Eu cubro isso. Isso é tudo! O cabelo sempre foi escuro.
J: Li em algum lugar que se você comesse um ovo cru de vez em quando, seu cabelo ficaria realmente bonito. Você já ouviu falar disso?
A: Eca! Colocar ovos em seu shampoo.
J: Ah, é isso que você deve fazer?
A: Bata o ovo e coloque-o no shampoo.
J: E isso deixa seu cabelo bonito?

A: Brilha. Macio e brilhante.
J: *Como você arruma o seu cabelo?*
A: Bem, ele tem um corte bem curto e eu o penteio a minha franja - Dá para ver - E ele se enrola um pouco na frente das minhas orelhas. Eu o mantenho bem curto. Quando o cortei, Al não gostou muito. Antigamente, todo mundo tinha cabelo comprido, e quando começaram a cortá-lo, eu fui uma das primeiras. Olha, como é legal!
J: *Você tem alguma joia?*
A: Tenho muitas joias. Mas a minha favorita é um anel de esmeralda. Ele é grande. Estou usando-o agora mesmo. Está vendo? (Anita levantou a mão esquerda).
J: *Não, eu nem percebi. Devo ser meio cego.*
A: Bem, ela chega até a junta da minha mão. Impossível não ter visto!
J: *(Com humor oculto) Você está certa. Eu só não estava procurando pelo anel. Você não está preocupada em perdê-lo?*
A: Não, está apertado. Está vendo? (Ela fez movimentos com a mão como se estivesse exibindo um anel [invisível para nós], e o moveu com os outros dedos da mesma mão). Eu o uso o tempo todo. Se eu usar um vestido vermelho e o Al disser que não combina, eu dou risada. Digo a ele que é meu e sou eu que estou usando. Mas agora, estou aqui cortando minhas flores, minhas rosas. Vou colocá-las sobre o piano.
J: *Que tipo de piano você tem?*
A: Um branco. Gosto de tudo branco.
J: *Você sabe tocar piano?*
A: Sei tocar. Certa vez, estávamos em uma boate e pedi que me deixassem tocar um pouco. Todos riram. Eles achavam que eu não era capaz, mas eu conseguia escolher a melodia muito bem. Toquei uma música sobre... ah, é uma música antiga sobre luas e rosas. Foi quando chegamos lá pela primeira vez. E o Al gostou tanto dela que me comprou um piano e disse para eu praticar. Eu não queria um daqueles que você liga e ele toca sozinho. Não gosto desses. Eles não são tão divertidos. Quero aprender a fazer isso sozinha.
J: *Isso é bom. Fale-me sobre sua casa.*
A: É uma casa grande, com 18 cômodos. Eu adoro essa casa. Nunca vão me tirar daqui. Não gosto de me ausentar nem mesmo durante a noite. O Al construiu esta casa para mim. Algumas pessoas vêm

e ficam por um tempo. Meu quarto é no andar de cima, o primeiro cômodo que dá para o deque.

J: Poderia descrever seu quarto para mim? Eu nunca o vi.

A: Tenho cetim nas paredes, mas você não o chama de cetim. Você o chama de damasco. Ele brilha como cetim, com padrões. É como papel de parede, mas de material. E as cortinas combinam. E meu tapete é branco. É um lindo cômodo, tudo em rosa, azul e branco. Eu tenho uma cama grande com colunas enormes e uma capa de cetim.

O dicionário define damasco como um tecido rico e padronizado de algodão, seda ou lã.

J: Acho que você construiu tudo do jeito que queria e nunca quis mudar nada.

A: Ah, às vezes eu mudo a cor da parede ou, você sabe, coloco coisas novas nela. O Al gosta de comprar móveis novos às vezes. Na maioria das vezes, gosto do jeito que está. Não gosto nem mesmo de mudar meus móveis de lugar. Quero minha cama exatamente onde está. Eu a tenho exatamente como eu quero, como um sonho.

J: Tem um banheiro no seu quarto?

A: Bem perto do meu quarto. Ele é feito de mármore branco. Eu tenho até maçanetas de prata no lavatório. E a banheira é feita de mármore também. Tomo banhos de leite, banhos de espuma e banhos quentes, e banhos frios.

J: Banhos de leite? Quer dizer que você toma banho de leite?

A: Não é realmente leite. Eles o chamam de banho de leite. Isso faz com que a água fica com uma aparência estranha. Supõe-se que seja muito bom para a minha pele.

J: (Tentando outro truque.) De quem você comprou a casa?

A: A casa foi construída para mim. O Al mandou um homem construí-la. Ela tinha de ser feita com perfeição. Levou mais de um ano, quase, para ser construída. Não pudemos nos mudar para ela imediatamente.

J: Em que ano eles terminaram a construção?

A: Ah, você sabe, já faz vários anos. Eu me mudei para essa casa quando tínhamos apenas um cômodo com móveis. Eu queria me mudar logo. Não consegui tirar proveito por alguns dias. E eu disse ao Al: "Leve-me até lá. Eu vou ficar na casa como ela está.

Ele riu de mim e disse que não iríamos dormir naquele sofá. (Risos) Dormimos no chão.

J: Que cômodo era esse primeiro cômodo com móveis?

A: Bem, não o usamos muito agora. É aquele cômodo da frente, ali perto da porta da frente. Logo depois do corredor.

J: Sala de estar?

A: Sim. Tenho uma sala maior do outro lado.

J: Quais foram as primeiras coisas que você comprou?

A: Ah, algumas cadeiras e uma coisa chamada chaise longue* (tipo de móvel que consiste em uma espreguiçadeira longa e estreita com encosto em apenas um dos lados). Eu vi isso e dei risada. Eu disse que o homem que fez aquilo era louco. Ele não sabia se estava fazendo uma cama ou uma cadeira. O Al a colocou em um dos quartos agora. Acabamos de comprar móveis novos.

J: Aposto que isso custou muito dinheiro.

A: Já compramos. Compramos algumas cadeiras que têm pernas pequenas e assentos listrados. Acho que são supostamente antigas. Eu fico rindo disso porque realmente não acho que elas sejam antigas. Mas todo mundo deve ter móveis sofisticados, então Al queria que eu ficasse com eles. Não gosto de tudo isso, mas ele queria. Esse tipo de coisa está na moda. Eu disse a ele para deixar meu quarto em paz. É exatamente como eu quero. E ele riu e disse ok.

J: Ele quer mudar a outra parte da casa onde as pessoas entram?

A: Sim, todas essas pequenas cadeiras e sofás. Elas não parecem muito confortáveis. Portanto, temos muitos cômodos. Se você contar onde as empregadas moram e tudo mais, são mais de 20.

J: Bem, acho que você tem muito na casa para cuidar com 18 cômodos. Como você a mantém limpa?

A: Tenho todas essas empregadas negras. Algumas para cuidar do andar de cima e do andar de baixo, cozinhar e tudo mais. Muita ajuda. Algumas coisas eu faço sozinha, mas não muito.

J: O que você faz sozinha?

A: Bem, algumas noites eu preparo o jantar só para mim e para o Al. Ele gosta que eu prepare ovos para ele com molho espanhol bem picante. Eu tentei fazer espaguete, mas não consigo fazer isso de jeito nenhum. Ele faz para mim. Sua mãe o ensinou a fazer. Você tem que segurar a almôndega bem na hora de moldá-la e dourá-la,

senão ela não fica com o gosto certo. (Ela fez movimentos com as mãos, como se estivesse moldando uma almôndega).
J: Esse é o segredo todo?
A: Esse é um deles. Deve haver alguns, porque eu tentei e não consegui aprender.
J: O que você gosta de comer?
A: Bem, eu gosto de fígado picado. É muito bom. Acho que eles colocam cebolas nele, algumas. A cozinheira prepara comida muito bem para mim. Ela está aqui desde que temos a casa. Ela é velha; ela cozinha há anos e anos.
J: Você tem um lugar nos fundos onde pode se sentar no terraço e comer, não é?
A: Ah, sim! É muito bom. Eu como lá fora muitas vezes. O Al gosta.
J: Que direção é essa? Quando você está no terraço e olha para fora da casa, em que direção você está olhando? É para o oeste, ou para o leste, ou...
A: Bem, é em direção à água. Acho que é em direção ao leste. Não sei. Acho que é em direção ao leste porque ... sim, é em direção ao leste. Está ensolarado pela manhã, muito cedo. Eu deixo as cortinas fechadas. Não tomo café da manhã lá fora. Se o sol estiver muito forte, eu não gosto. Ele me deixa, sabe... ele mostra linhas no rosto quando a luz é muito forte. Coloquei três conjuntos de cortinas naquela janela. Coloquei cortinas bem finas, do tipo ondulado; e, por cima, as mais pesadas. Posso deixá-las claras ou escuras, como eu quiser.
J: Quer dizer que você tem três conjuntos, um em cima do outro? Elas realmente cortam a luz do cômodo então.
A: Tudo, menos essa claraboia. Ela deixa entrar uma quantidade enorme de sol à tarde. Não dá para fazer nada com ela. Eu até mudei... essa foi uma coisa que eu mudei. Coloquei alguns vitrais lá em cima. Fiz um pequeno desenho.
J: Como uma igreja, não é?
A: Oh, não, não! Não é nada disso. Eu pedi para eles fazerem pequenas flores e folhas lá em cima. E quando o sol brilha há pequenas flores no chão. É bonito, um quarto bonito.
J: Vamos ver. Imagino que faça frio por aí. Você tem algum casaco pesado?
A: Ah, sim. Tenho todos os tipos. Que tipo você quer? Você quer usar um?

J: *Não, eu só estava pensando. Você tem um casaco de pele de vison?*
A: Tenho um casaco de pele de castor e um casaco de arminho. Gosto de arminho porque é branco. Ele faz meu cabelo parecer mais preto do que nunca. E também faz com que meus olhos azuis fiquem bonitos.
J: *Você tem um carro?*
A: Tenho um homem que me leva para onde eu quero ir no carro que o Al comprou para mim. É um carro preto, o mais brilhante de todos! É um Packard, muito grande. É o melhor tipo de carro.
J: *O mais confortável?*
A: Não sei se é o mais confortável. Eu nunca andei em nenhum outro tipo, exceto o Steamer, mas o Al diz que eles são os mais caros, portanto, devem ser os melhores. Portanto, é o que ele compra. Eu gosto dele.

J: *Seu motorista mantém o carro sempre brilhando?*
A: Não faz sentido ter um bom carro se você não cuidar dele.
J: *Mas você não sabe dirigir?*
A: Ah, eu sei dirigir se for preciso, mas prefiro ficar sentada e deixar que ele o faça. Ele é pago para isso. Dessa forma, o Al conhece todos os lugares para onde vou. Há alguns lugares aos quais não devo ir.
J: *Onde?*

A: Lugares no centro da cidade. Não vou a nenhum lugar onde ele trabalha.
J: Onde o Al trabalha?
A: Ele nunca me diz, isso é certo. (Ela ficou sóbria.) Ele está fazendo alguma coisa, eu acho. Porque quando eu pergunto, ele fica bravo. Ele me manda aceitar o que ganho e calar a boca. E eu não gosto que ele fale assim. Por isso, não pergunto muito a ele.
J: Há outros lugares onde você não deve ir?
A: Bem, eu devo ficar longe de onde todas aquelas pessoas da alta-sociedade vão. Lugares para almoçar e coisas do gênero. Eles tem um restaurante lá embaixo, e há lugares no hotel - o Bartlett House. E elas vão a lugares para shows de moda.
J: E o Al não quer que você vá a nenhum desses lugares?
A: Não, porque ele diz que sabemos demais. Eu poderia cometer um deslize e dizer alguma coisa.
J: Bem, Chicago é um lugar grande.
A: Está crescendo rapidamente. Al diz que não parou desde o incêndio.
J: Que incêndio foi esse?
A: Bem, há muito tempo houve um grande incêndio aqui e quase tudo foi queimado, quarteirões e quarteirões. E agora, todo dia há algo novo sendo construído.

Ela estava se referindo ao grande incêndio de Chicago que ocorreu em 1871 e destruiu uma grande parte da cidade.

J: Você vê muitos prédios novos por aí agora?
A: Quando chego ao centro da cidade, sim. É quase um quarteirão inteiro de lojas. Haverá todos os tipos de lojas lá.
J: Em que rua fica isso?
A: Não me lembro. É bem na saída da State, bem na esquina. Não costumava ser uma rua muito boa, mas vai ficar bonita agora.
J: Você costuma ir a algum parque?
A: Oh, fazemos belos piqueniques à beira do lago, e há muitos parques. O Al não gosta muito de sair assim. Eu posso dirigir, e eu dirijo, e às vezes faço longos passeios.
J: Você disse que pode dirigir o carro, mas tem um motorista.
A: Posso dirigir quando preciso. Quando ganhei o Packard, ele disse que eu deveria aprender a dirigir. O homem que dirige me ensinou.

J: *Seu carro é do tipo que tem marcha de câmbio?*
A: Sim, e eu odeio essa coisa. Sempre esqueço e me confundo. Quando lembro, faço alguma coisa com ele. O conserto custa dinheiro.
J: *Como você liga o carro?*

Johnny estava pensando que alguns carros precisavam ser ligados com manivela durante aquele época.

A: Eu simplesmente ligo e digo que quero o carro e quero dirigi-lo, e eles o levam até a porta. Não me lembro de tê-lo ligado. Ele mora bem ali, perto da garagem, e ele... Eu não preciso ligar o carro nunca.
J: *(Ele estava tentando pensar em mais perguntas.) Você sabe o que é um avião?*
A: Já ouvi falar sobre, mas acho que nunca vi um. Dizem que haverá aviões que farão coisas fantásticas. Você pode simplesmente entrar em um avião e ir a qualquer lugar do mundo, dizem eles. Eles nunca me colocarão em uma dessas coisas! Tenho medo de qualquer coisa desse tipo. Não acho que parece certo estar lá em cima.

Essa foi uma declaração estranha para alguém cujo marido estava atualmente estacionado em uma base de treinamento de jatos.

J: *Bem, June, vou contar até cinco e será o ano de 1910. (Ele contou regressivamente) É 1910, o que você está fazendo?*
A: É dia de mudança. Estou saindo desse maldito hotel.
J: *Que hotel?*
A: Estou morando no Gibson.
J: *Em que rua ele fica?*
A: Fica na rua principal, bem aqui na cidade.
J: *Para onde está se mudando?*
A: Para a casa que estamos construindo. Parece que é uma eternidade! Mas podemos nos mudar hoje.
J: *Vocês têm muitas coisas lá no hotel para eles mudarem?*
A: Não, mas escolhemos os móveis e vamos nos mudar com isso.
J: *Ei... o que você está vestindo hoje?*

A: Meu vestido verde longo. Ele foi feito para mim, com todos esses botões e as mangas grandes, mangas em forma de costeleta de carneiro.

Acho que era assim que chamavam as mangas de perna de carneiro.

J: Seus joelhos estão aparecendo?

Isso era um truque, mas que senso de humor perverso.

A: (Chocada) Oh não! Não senhor!
J: Que tipo de sapatos você tem?
A: Ora, eles têm botões, é claro.
J: Você acha que algum dia os sapatos deixarão de ter botões?
A: Bem, não consigo imaginar isso. As pessoas poderiam ver seu tornozelo! É preciso ter cuidado ao entrar no bonde, para que não vejam seu tornozelo. Os homens estão sempre tentando ver seus tornozelos!

As coisas mudaram muito em 16 anos. As comparações entre os períodos de tempo eram inacreditáveis e engraçadas. Johnny estava gostando disso.

J: Como você arruma seu cabelo?
A: É muito comprido, mas é penteado para cima - bem alto. Ele nunca foi cortado, desde muito tempo atrás, se é que me lembro. É horrível ter de lavar e escovar. Leva praticamente um dia inteiro para lavar seu cabelo.
J: Você já pensou em cortá-lo bem curto?
A: Bem, se todo mundo cortasse, eu certamente seria a primeira a tentar. Eu disse ao Al que quero o meu cortado como o cabelo de um homem na nuca. Eu cortaria, eu apenas deixaria cortá-lo bem na parte de trás. Mas o Al disse que sua nuca não era muito bonita, então não queria que eu o cortasse assim!
J: (Ele riu da piada dela.) Você usa maquiagem no rosto?
A: Um pouco de pó de arroz. Ele deixa o rosto mais suave e bonito.
J: E rouge?

A: (Chocada novamente) Oh, não! É só apertar as bochechas de vez em quando e você pode morder os lábios com muita força e eles ficarão vermelhos por um tempo.
J: Isso não dói?
A: Bem, dói, mas você quer ficar bonita. Eu uso aveia em minha pele, o que ajuda. Eu a coloco em um saquinho e dou batidinhas no meu rosto quando o lavo. (Ela fez movimentos de batidinhas em seu rosto). A água de aveia fica no rosto. Ela fica e tira as rugas.
J: A aveia é crua ou cozida?
A: (rindo) Bem, bobo, você não poderia colocar aveia cozida em um saco! Você é muito engraçado! Você não sabe muito sobre mulheres, não é?
J: Não, na verdade não.
A: Você fala como se tivesse vindo de Springfield. Eles não sabem nada por lá.
J: É de lá que você é, não é?
A: Bem perto dali. Eu não nasci na cidade. Foi em uma fazenda.
J: A fazenda ficava muito longe de Springfield?
A: Cerca de um dia de viagem de carroça. Acho que você vai em direção ao sul.
J: Eles não tinham carros como agora, tinham?
A: Eles têm alguns carros agora, você sabe. Estamos em 1910! Mas meu pai nunca terá um carro porque ele não tem muito dinheiro.
J: Você tem um carro agora?
A: O Al tem um carro.
J: Você não tem um carro?
A: Não, não tenho. Não preciso de um carro. Eu vou com o Al quando ele quer.
J: Você nunca vai a lugar algum quando o Al não está por perto para levá-la?
A: Bem, no começo eu tinha medo, e ele costumava me provocar por ser uma menina do interior. Ele me disse que eu tinha sapatos agora, para que eu possa andar no concreto.
J: (Grande risada) Que tipo de carro o Al tem?
A: Um Stanley Steamer.

Ele estava se lembrando das fotos que encontramos na enciclopédia.

J: *Ele tem teto?*
A: Nós andamos com ele abaixado.
J: *Você o tira?*
A: Acho que ele não tira. Acho que ele se dobra em algum lugar. Você pega muita brisa. (Ela deu um tapinha no cabelo.) E ele sopra seu cabelo para baixo.
J: *O que acontece quando está chovendo?*
A: Você tem bom senso o suficiente para ficar fora da chuva, eu acho!
J: *(Risos) O carro faz muito barulho? (Nós tínhamos lido que eram carros silenciosos).*
A: Não, não.
J: *Qual é a velocidade do carro do Al?*
A: Bem, ele é bastante imprudente. Às vezes, ele vai até... 15 milhas por hora, talvez mais. Eu disse a ele que, no começo, que isso arrancaria os globos oculares da minha cabeça, e ele disse que não, que não arrancaria. Ele me mostraria! No começo, fiquei muito assustada.

Nesse ponto, Johnny a levou para outras cenas, que serão incorporadas no próximo capítulo. Deixamos essa parte intacta para mostrar a comparação entre os dois períodos de tempo. Houve tantas mudanças no estilo de vida em uma mera década. Mesmo que a mente de Anita estivesse inventando uma fantasia, parece ser muito difícil evitar que as diferenças se misturassem umas com as outras. É notável que ela as tenha mantido separadas e conservado a personalidade de cada período. June/Carol surgiu como uma pessoa muito real com um senso de humor único. Definitivamente, ela não era um recorte de papelão desempenhando um papel ou um zumbi obedecendo cegamente a comandos.

Capítulo 4
A vida de June/Carol

Tínhamos mais material sobre June/Carol do que sobre qualquer outra personalidade que encontramos. Ela foi a vida mais recente de Anita e, portanto, estava mais próxima da superfície. As sessões continuaram por vários meses e, toda vez que Anita regredia, o primeiro personagem que encontrávamos era June ou Carol, a menos que ela recebesse instruções em contrário.

Por isso, decidi organizar as outras partes de sua vida em uma maneira cronológica, para que o leitor pudesse acompanhar sua história sem se confundir com as mudanças de um lado para o outro. Embora os incidentes tenham surgido em um longo período de tempo, é impressionante como eles se encaixam bem. Também é interessante que nenhum questionamento conseguiu confundi-la, embora muitas vezes tenhamos nos confundido. Ela sempre sabia exatamente quem era e onde estava. Não haveria como omitir esses incidentes e ainda assim passar uma imagem completa de uma pessoa que se tornou tão real para nós que certamente deve ter vivido, respirado e amado. Isso não pode ter sido fruto da imaginação de alguém. Todos nós passamos a amá-la e seu maravilhoso senso de humor, e gostávamos de conversar com ela. Talvez nunca se encontre uma prova de que ela realmente viveu, mas ela certamente viveu para nós durante aqueles meses em 1968.

Estimando que Carol tivesse nascido por volta de 1880, Johnny regrediu Anita para o ano de 1881 e perguntou onde ela estava.

A: Sentada no chão.
J: Você está brincando com alguma coisa?
A: Com carretéis. Para me manter quieta.
J: Você estava fazendo barulho?
A: Muito barulho!
J: Quantos anos você tem?
A: Não sei direito.

J: Qual é o seu tamanho?
A: Não sou grande o suficiente para ter sapatos. Eu consigo andar. Posso dizer algumas palavras.
J: Que palavras você consegue dizer?
A: Eu grito "Mama" e "Daddy" e faço todos os barulhos que os animais conseguem fazer.
J: Tem muitos animais por aí?
A: Bem, é uma fazenda.
J: Isso é legal. Agora vou contar até três e vamos passar para 1885. Um, dois, três, estamos em 1885. O que você está fazendo?
A: Estou no quintal brincando com o bebê. Tentando fazer com que ele pare de chorar – um menino bebê. O pequeno está no berço.
J: Você vai à escola?
A: Vou para a escola no ano que vem.
J: Quantos anos você tem?
A: Tenho cinco anos. Vou fazer seis em junho... primeiro dia.

Isso está de acordo com o que ela disse anteriormente. Ela foi batizada de June pelo Al porque seu aniversário era em junho, e ela era "bonita como um dia de junho".

J: Quanto tempo falta para seu aniversário?
A: Não sei dizer. Minha mãe vai me dizer.
J: Você acha que vai ter um bolo de aniversário?
A: Bem, às vezes a mamãe faz um bolo. Às vezes.
J: Então, ela provavelmente fará um para seu aniversário, não é?
A: Ela deveria fazer?
J: Bem, algumas pessoas comem um bolo no aniversário, mas outras pessoas comem bolos em outros dias.
A: Bem, nós comemos bolo aos domingos. Às vezes, quando podemos comer, nós comemos.
J: Ótimo. Agora me fale sobre sua casa. Qual é o tamanho dela?
A: Tem três cômodos grandes e o loft.
J: Onde você dorme?
A: No sótão. Mamãe fez um colchão de palha. É uma cama bonita e macia. Você pode se aconchegar nela. Quando eu for rica, vou comprar um colchão de penas. Mamãe tem um colchão de penas em sua cama. Ela disse que, quando eu crescer, poderei ter um.

J: *Isso vai ser legal. Agora vamos olhar para frente e ver como as coisas eram em 1890. (Anita foi movida para a frente.) O que você está fazendo?*
A: Ajudando a mamãe. Estamos esquentando água no quintal para lavar. Lavando mais fraldas. Parece que temos um bebê a cada ano!
J: *Que tipo de sabão vocês usam?*
A: O sabão que minha mãe faz.
J: *E elas ficam limpas?*
A: Ah, bom! Você fica esfregando até elas ficarem limpas!
J: *Você usa uma tábua de esfregar?*
A: Às vezes. Mas, às vezes, é só esfregar e esfregar. (Anita fez movimentos de fricção com as mãos). Assim. Esfregue sabão nelas!
J: *Isso parece ser muito trabalhoso.*
A: Trabalho para o dia todo, o dia de lavar roupa. É uma sorte lavar em um dia com vento. Suas roupas ficam secas.
J: *Onde fica o varal?*
A: Vai da casa até aquela árvore grande ali.
J: *Diga, Carol, quantos anos você tem?*
A: Nove. Quase dez agora, disse a mamãe.
J: *Você vai à escola?*
A: Não. Fui à escola por um tempo, mas mamãe precisava de mim. Eu a ajudo muito em casa.
J: *Então você só foi à escola por pouco tempo.*
A: Fiquei na escola por alguns anos.
J: *Onde fica a escola?*
A: Ah, fica bem longe, na estrada.
J: *Você vai para a escola a pé?*
A: Todos os dias. Quando está nevando muito, não posso ir.
J: *Você sabe escrever seu nome?*
A: Já sei escrever muito bem. Eu pratico com uma vara na terra.

Inesperadamente, Johnny teve a ideia de ver se Carol poderia escrever seu nome para nós. Não sabíamos se isso seria possível, mas valia a pena tentar. Naquela época, estávamos abertos a qualquer ideia.

J: *Aqui está um lápis e um pedaço de papel. Você pode escrever seu nome para mim?*

A: Você não tem uma prancheta?

Johnny pediu a Anita que abrisse os olhos. Foi muito difícil, e ela ficou olhando para o papel com os olhos vidrados. Então ele lhe deu o lápis enquanto eu segurava o papel com firmeza. Observamos enquanto ela escrevia, de forma desajeitada e lentamente, em letras grandes, "Carolyn Lambert". Parecia muito infantil e irregular.

A: Aprendi isso no ano passado. Mas tenho de continuar praticando porque não sou muito boa. Mamãe diz que ninguém pode tirar o que você aprende. Eu mostrei para ela e ela ... não sabia muito. Ela queria que eu lhe mostrasse como escrever o dela.
J: Sua mãe não foi à escola?
A: Acho que ela nunca foi.

Em duas outras ocasiões, quando Anita foi repentinamente transferida para 1890 para verificar sua orientação, ela escolheu a mesma situação e condições. Em uma dessas ocasiões, ela disse que estava colhendo tomates. "Colho até encher a cesta".

J: O que você vai fazer com todos esses tomates?
A: Cozinhá-los. Enlatá-los. Fazer temperos. (Ela suspirou profundamente.)
J: Qual é o problema?
A: Muito quente. Gostaria que chovesse! Está empoeirado aqui fora. Não chove há algum tempo. Quente!
J: Quantos anos você tem, Carol?
A: Não sei ao certo. Mamãe diz que isso não faz diferença, mas eu gostaria de saber. Não vou mais à escola.
J: Quanto tempo você ficou na escola?
A: Quase dois anos.
J: O que você aprendeu na escola?
A: Bem, eu escrevia... e aprendia meus números... e minhas letras. Sei contar até dez, e os vinte... você tira o um, e... Eu me confundi depois da adolescência. Deveria ser fácil, disse o professor. Papai disse que eu não tenho cabeça para números. Eu pratico.

Enquanto explorávamos esse período da vida de Carol, a perguntamos sobre outros membros de sua família. Parece que ela tinha cerca de sete irmãos e irmãs. É interessante que ela mencionou um irmão, Carl, que recebeu o nome de um amigo de seu pai. Esse é sem dúvida o mesmo Carl com quem ela se casou mais tarde.

Em outra sessão, ela foi regredida para 1900 e perguntamos o que estava fazendo.

A: Cozinhando espigas assadas e preparando um grande jantar para os trabalhadores. Há muitos debulhadores aqui. Eles comem muito. Ficam com fome.
J: Onde você está?
A: Estou na fazenda.
J: Que fazenda?
A: A do meu marido.
J: Qual é o nome do seu marido?
A: Steiner. Carl Steiner.
J: Onde fica sua fazenda?
A: Um pouco afastada de Springfield.
J: Em que direção?
A: Bem, quando vamos para a cidade de manhã, o sol bate no meu rosto.
J: É um longo caminho até a cidade?
A: Não, chego lá antes do almoço. São só algumas horas. Algumas.
J: Como você viaja?
A: Em um cavalo e uma charrete.
J: Você gosta disso?
A: Chacoalha bastante.
J: Quantos anos você tem hoje?
A: Hoje? (Pausa) Estou chegando muito perto dos 20.
J: Há quanto tempo você está casada?
A: Estou casada há cerca de ... parece que há quatro anos, cinco? O tempo passa.
J: Você é feliz?
A: Não! Quem seria feliz aqui? Trabalho todos os dias, sete dias por semana.
J: Mas você pode ir à cidade de vez em quando.
A: Ah! Se eu tiver sorte, vou duas ou três vezes por ano.
J: Quantas pessoas trabalham para você nessa fazenda?
A: Cerca de cinco homens trabalhando nos campos e outras coisas.

J: *O que você cria lá na fazenda?*
A: Apenas coisas para o gado, muito milho. Temos de cultivar nossa comida, você sabe. Cultivar feno e outras coisas para as vacas.
J: *Quantas vacas vocês têm?*
A: Oh, cerca de 40, 50, eu acho.
J: *Algum porco?*
A: Não, acho que não.
J: *Quantas galinhas você tem?*
A: Oh! Tenho que cuidar de todas essas malditas galinhas. Tenho que eu mesma limpar o galinheiro. Colocar cal e creolina nele.

Pesquisas posteriores revelaram que essa era uma prática comum naquela época. Anita era uma garota da cidade que dificilmente saberia muito sobre galinhas e trabalho na fazenda.

J: *Por que os empregados não cuidam disso?*
A: Isso deveria ser trabalho de mulher.
J: *Qual é o tamanho da fazenda?*
A: Eu o ouvi chamá-la de uma seção. Ele disse que um dia ela seria minha se eu tivesse um filho.
J: *Mas você é a esposa dele! Isso não faz com que ela seja metade sua?*
A: Ele a chama de sua.
J: *Você vai ter um filho?*
A: Não! Ele está tentando me subornar.
J: *Qual é a idade do seu marido?*
A: Ele tem quase 60 anos. Ele é um homem velho.
J: *E você tem 20 anos. Ele é um pouco mais velho do que você.*
A: Um pouco mais velho. Não é justo.
J: *Você não quer ter filhos?*
A: Não quero que ele se aproxime de mim.
J: *Oh. Ele tem seu próprio quarto?*
A: Eu tenho meu próprio quarto!
J: *E onde o Carl dorme?*
A: Ele também dorme no andar de cima. Ele tem vergonha de que os homens saibam. Todos riem porque não temos filhos.
J: *Que tipo de roupa você tem?*
A: Não tenho quase nenhuma.

J: *Você não tem? Você acha que o Carl poderia lhe trazer alguns vestidos da cidade?*
A: Ele fica dizendo que sim, se eu o deixar entrar em meu quarto. Eu disse a ele que que não queria tanto assim suas roupas. Cortei um lençol de cama e fiz um vestido uma vez.
J: *Que tipo de sapatos você tem?*
A: Estou descalça agora. Tinha um par quando me casei, mas eles se desgastaram. Fico descalça a maior parte do tempo.
J: *O que você faz quando está frio lá fora?*
A: Bem, eu lhe pedi um par de sapatos e ele me deu um velho par dele.

Durante outra sessão, Anita foi regredida novamente a esse mesmo período e imediatamente voltou ao personagem, como sempre. Sua incrível capacidade de captar consistentemente um determinado tempo e lugar nunca deixou de nos surpreender. Dessa vez, encontramos Carol novamente na odiada fazenda. Johnny perguntou o que ela estava fazendo.

A: Não estou fazendo nada.
J: *Onde você está?*
A: Estou no meu quarto. Deveria estar esfregando o chão, mas ainda não fiz isso. Preciso trabalhar logo.
J: *Quantos anos você tem?*
A: Acho que tenho uns 20 anos.
J: *Onde está o Carl?*
A: Lá no campo. Está chegando a hora de plantar coisas novamente.
J: *O que você vai plantar?*
A: Mais das mesmas coisas de sempre. Milho, trigo, as mesmas coisas. Tenho de fazer minha horta logo.
J: *O que você planta em sua horta?*
A: Coisas para comer durante todo o inverno. Se você não quer passar fome, tem de plantar. Já plantei minhas batatas. Tive uma grande colheita no ano passado. Plantei muito novamente este ano no dia do plantio.
J: *Você faz muitas conservas?*
A: Claro! Eu quero comer, não é?
J: *Bem, eu estava pensando, muitas pessoas armazenam a maior parte de seus alimentos no inverno no porão.*

A: Bem, você não pode fazer isso com tudo. O que você acha que aconteceria com uma espiga assada se você a colocasse em um porão?
J: Ficaria estragada?
A: Bem, talvez ela não sirva para nada além de pipoca.
J: Você não compra nada na loja?
A: (Risos) Nada que você possa fazer por si mesmo!
J: E coisas como açúcar e farinha?
A: Compro farinha quando o trigo é moído. Compro um pouco de açúcar.
J: E quanto ao café? Você toma café?
A: Não, não tomo café. De vez em quando, compro um pouco de chá. Eu gosto de chá.

Na próxima vez que encontramos Carol, ela ainda estava na fazenda em 1905.

J: O que você está fazendo?
A: Oh! Estou tão cansada! Foi um dia difícil. Não tenho descanso.
J: O que você fez hoje?
A: Trabalhei em meu jardim.
J: Você acabou de plantá-lo?
A: Não, ele está sendo plantado há muito tempo. Você só precisa cuidar das ervas daninhas. Sair por aí com a enxada. Essa é a única coisa a fazer, tirá-las de lá!
J: Onde está seu marido?
A: Não sei. Ele ainda não está em casa. Eu só entrei para descansar um pouco antes de começar o jantar.
J: Há quanto tempo você está casada?
A: Oh, Deus! Parece uma vida inteira!
J: Bem, fale-me sobre o seu jardim. O que está plantando agora?
A: Bem, nosso milho está bem adiantado. Estou tentando usar a enxada e levantar a terra ao redor dele. Assim, ele cresce mais alto. Eu já tive meus primeiros tomates. Comi tomates verdes, fritos.
J: Você gosta deles?
A: Sim, são muito bons. Gosto mais deles maduros. Mas não gosto de enlatá-los. Odeio isso, quente e fumegante. Gostaria que houvesse uma maneira de deixar os tomates maduros no inverno.
J: O que mais você está plantando?

A: Oh, quiabo, abóbora, plantei pepinos este ano. As batatas estão ficando boas. Até tenho algumas melancias lá fora, quando estiverem maduras. Acho que tenho quase tudo que você quer comer... feijões, ervilhas.
J: Parece que você não vai passar fome.
A: Não estou me preparando para passar fome! Se eu tiver de trabalhar para plantar, cultivar e conservar, vou ter o que quero comer.
J: Isso faz sentido.
A: Temos uma ou duas vacas leiteiras. Ele tem algumas, que planeja levar para o açougue. Ele as leva para Springfield, perto dali, bem deste lado de Springfield. Um homem faz muitos abates lá em sua casa e quintal. Faz isso para as pessoas e é mais barato do que se você contratar um desses outros caras. E às vezes vendemos um pouco, mas geralmente só abatemos o que vamos guardar.
J: Como vocês evitam que estrague?
A: Oh, nós o penduramos aqui no defumador de carne.
J: Alguma vez você já teve algum animal estragado?
A: Não, desde que faço isso lá fora, no defumador. E eu penduro uma parte. Fervo e coloco nas latas, assim como faço com os legumes, e ele se conserva muito bem assim.
J: O gosto é o mesmo?
A: Não. Sabe, ele fica meio fibroso, mas não tem problema. Você pode enlatá-lo com macarrão e tudo mais... salgue um pouco. O gosto não é muito bom assim, mas você pode mantê-lo dessa forma. Às vezes, se estiver faltando carne, você pode abater no inverno. Eu sempre achei que essa seria uma boa época para fazer isso, mas eles não fazem assim. Tem algo a ver com os bezerros e tudo o mais. Não sei exatamente. Eu cozinho o que recebo. Gosto de frango frito. Se você o enlatar, ele é bom enlatado. Tem o mesmo sabor do fresco.
J: Mas você não gosta de limpar o galinheiro.
A: Não, não gosto.
J: Você mesmo mata a galinha?
A: Eu torço o pescoço dela.

A narração de todo esse trabalho pesado na fazenda pode parecer repetitiva, mas definitivamente mostra que não era algo que alguém inventaria como uma vida de fantasia.

Em uma gravação posterior, Carol tinha acabado de chegar a Chicago e estava muito animada com a cidade grande. Ela disse: "Eu nunca sonhei nada como Chicago! Nunca vou sair dessa cidade!" Nesse momento, Johnny decidiu tentar obter mais informações sobre a vida na fazenda.

J: Ok. Vou contar até três e você voltará ao ano de 1905. Voltando, um, dois ...
A: (Interrompendo, quase soluçando) Eu não quero voltar para lá!

Johnny não percebeu o significado do que estava acontecendo e continuou a contar.

J: Estamos apenas voltando... três! Estamos no ano de 1905. O que você está fazendo?
A: (Mal-humorada) Não estou gostando daqui.
J: Do que você não gosta?
A: (Com raiva) Não gosto de nada aqui atrás! Não gosto de nada nesta fazenda! Eu odeio esse lugar!
J: Qual é o seu nome?
A: (Estourando) Carol!
J: Há quanto tempo você está morando aqui?
A: Não me lembro de morar em outro lugar que não seja uma fazenda!
J: O que você está fazendo nessa fazenda, Carol?
A: Maldito idiota! Qual é a aparência dela?
J: Você é casada?
A: Pode se dizer que sim.
J: O que seu marido está fazendo?
A: Não sei e não me importo!
J: Você tem filhos?
A: (Gritando) NÃO!!!
J: Ok! Ok! Vou contar até três e vamos embora...

Johnny não percebeu a importância da reação dela nessa regressão até reproduzirmos a fita. Nós dois ficamos profundamente impressionados com o desespero com que ela lutou em ser levada de volta para a fazenda depois de descobrir e amar Chicago. Obviamente, ela estava subconscientemente com medo de nunca mais escapar da fazenda, tentou resistir a voltar, mas falhou e só conseguia gritar e protestar em sua frustração.

Até esse ponto, a vida de Carol parecia ter sido infeliz e monótona. Primeiro, o trabalho árduo de crescer na fazenda de seus pais, depois ter a miséria de viver com um homem que ela desprezava. Isso, sem dúvida, a deixou desesperada em busca de uma saída. Al provavelmente parecia um cavaleiro de armadura brilhante enviado para resgatá-la quando apareceu e lhe ofereceu uma saída. Deve ter parecido algo além de seus sonhos mais loucos ao ouvir falar da longínqua cidade de Chicago, onde tudo o que ela desejava poderia se tornar realidade.

J: O que está fazendo?
A: Estou no hotel.
J: Há quanto tempo você está lá?
A: Acho que faz três dias. Tenho estado muito ocupada.
J: O que você acha desse lugar?
A: Nunca vi nada tão grande.
J: A cidade vai tão longe quanto você consegue enxergar, não é?
A: Sim! Lojas bonitas, muitas coisas nelas. Eles tem coisas que eu nem sabia que as pessoas tinham.
J: Em que hotel você está hospedada, June?
A: Não sei. (Pausa) Quer que eu descubra?
J: Você pode?
A: Assim que o Al voltar. Ele vai me dizer.
J: Sim, descubra o nome desse lugar. Você gosta do seu quarto?
A: Sim. Cama macia. A primeira vez que olhei para ela, simplesmente pulei no no meio, para cima e para baixo. Nunca vi uma tão elegante.
J: Muito confortável.
A: (Irritadamente) Sim. Com certeza é melhor do que palha.
J: Você tem seu próprio banheiro no quarto?
A: Sim! Eu simplesmente entrei lá e puxei a corrente. Assim que a água entra, eu a puxo novamente. Adoro ver isso.
J: A água simplesmente corre e corre, não é? Sem bombeamento.
A: Sim! Não sei como ela chega lá em cima. O Al diz que há canos, para não se preocupar com isso. Não preciso me preocupar com nada agora. Ele me disse que eu não precisava. Basta pegar o que está lá e aproveitar. Não faça perguntas, não se preocupe.

J: *Como você chegou aqui?*
A: Dirigi até aqui no carro do Al.
J: *Foi uma viagem longa?*
A: Demoramos um pouco. Fizemos paradas para negócios, paramos por aí.
J: *Vocês viram muito campo?*
A: Acho que vi bastante campo para uma vida inteira. Eu nunca sonhei com nada como Chicago.
J: *Você realmente gosta desse lugar, não é?*
A: Nunca vou sair desta cidade!
J: *Você acha que vai morar aqui o resto de sua vida?*
A: Sim, vou!

Uma Alice no País das Maravilhas muito feliz. Sabemos que ela morou no Hotel Gibson enquanto Al tinha a casa grande na Lake Road sendo construída. A pesquisa não revelou nenhuma estrada com esse nome nos mapas atuais. É possível que agora ela se chame de outra forma. Mas eu descobri que, por volta de 1900, propriedades espaçosas para os ricos começaram a ser construídas longe da cidade, ao longo da margem norte do Lago Michigan, e passaram a ser conhecidas como a área da Gold Coast. Essa construção foi interrompida durante a Primeira Guerra Mundial. Isso coincide com o período em que ela disse que sua casa estava sendo construída. Outro motivo para pensar que essa pode ser a área correta é que descobri um item em antigos arquivos de microfilme de jornais da época. A polícia encontrou um crematório que havia sido usado para queimar os corpos de gângsteres rivais. Estava escondido em uma das propriedades na área norte de Gold Coast.

Mas mesmo depois que Al e June se mudaram para a casa, as coisas nem sempre foram tranquilas, como ilustra o próximo incidente.

Ela foi regredida para o ano de 1918.

J: *O que você está fazendo?*
A: Ah, não estou fazendo muita coisa. Estou tentando ler esse livro, mas é difícil.
J: *Por quê?*
A: Bem, eu não leio muito bem.

J: *Oh, você está tentando melhorar sua leitura?*
A: Não quero que ninguém diga que não sei ler.
J: *Qual é o nome do livro?*
A: Bíblia.
J: *Ah, você vai à igreja, June?*
A: (Com desgosto) Não!
J: *Bem, essa é a... Bíblia. Você está lendo isso?*
A: Bem, eu me lembro das pessoas lendo a Bíblia quando eu era uma garotinha. Não quero pedir um livro a ninguém, e esse estava aqui.
J: *Onde você está?*
A: Em meu quarto.
J: *Você está no hotel?*
A: Não, estou nesta casa. Havia uma Bíblia aqui.
J: *De quem é essa casa?*
A: Bem, é uma das casas do Al.
J: *(Pausa) O que você está lendo na Bíblia? Você simplesmente escolhe um lugar e começa a ler algumas palavras, ou está começando do início e lendo tudo?*
A: Bem, quando me sentei aqui, achei que a primeira página seria mais fácil do que a última. Mas não consigo entender nenhuma delas. Então, simplesmente pulo as páginas. Essas pessoas são muito engraçadas... todas essas pessoas nesse livro. Todo lugar que abro, tem personagens diferentes. É um livro estranho.
J: *É difícil de entender?*
A: Não, eu entendi. Entendi tudo logo de cara. Esses tolos eram uma loucura.
J: *(Risos) Ah, é isso?*

Isso certamente parecia estranho em vista do fato de que Anita foi criada como católica, e seus filhos frequentavam uma escola católica. Ela certamente estaria familiarizada com a Bíblia em sua vida atual. Johnny estava pensando que o ano de 1918 era durante a Primeira Guerra Mundial e ele fez algumas perguntas para ver se ela sabia alguma coisa sobre o assunto. Mas suas respostas mostraram que a guerra tinha pouco ou nenhum efeito em sua vida. Ela mencionou manifestações no centro da cidade, mas não relacionou isso ao fato de o país estar em guerra.

J: *Você sai muito da cidade?*

A: Eu não saio muito. O Al sai bastante. Nós saímos naquele barco no lago.
J: Esse barco é dele?
A: Ah, ele tem um barco grande.
J: Você gosta de velejar no barco?
A: Se você não for muito longe. Eu gosto de ficar onde posso ver a terra. Não sou um peixe. Não quero ir para um lugar onde não possa ver a terra.
J: Você sabe nadar?
A: Não, mas posso boiar.
J: Bem, esses barcos grandes têm barcos pequenos. Caso aconteça alguma coisa, você sempre pode subir no barco pequeno e voltar para a terra firme.
A: Sim, eu sei. Foi isso que ele me disse, mas eu preferiria ver a terra antes de sair. Não quero ir tão longe. (Pausa) Oh! (Ela balançou a cabeça.)
J: Qual é o problema?
A: Não estou entendendo algumas dessas palavras.
J: Não consegue dizê-las, não é?
A: Bem, não faz diferença como você as diz, eu não sei o que elas significam.
J: Você tem um dicionário por aí?
A: Um quê?
J: Um dicionário.
A: Não sei. O que é isso?
J: Ah, é um livro que tem todas essas palavras e diz o que elas significam.
A: (Surpresa) É mesmo? Nunca vi um livro assim.
J: Vamos ver. Você já viu uma biblioteca no centro da cidade? (Sem resposta.) Livraria?
A: Eu vi uma vitrine com nada além de livros. Deve ter sido uma livraria.
J: Bem, aquele lugar provavelmente tem uma daquelas coisas que eles chamam de dicionário. E dentro dele, tudo o que há são páginas e páginas de palavras, e eles dizem o que essas palavras significam.
A: Huh! Eu vou ler!
J: E quando você estiver lendo esse livro e encontrar uma palavra que você não sabe o que significa, é só pegar esse outro livro e

procurar a palavra e descobrir o que ela significa. Ou o que alguém diz o que significa.

A: Uh-huh! Acho que preciso de um desses dicionários. Mas, de qualquer forma, algumas coisas eu não entendo.

J: Leia para mim o próximo parágrafo em que você está agora.

A: (Como se estivesse lendo lenta e dolorosamente.) Ele ... me fez ... deitar... em...pastos...verdes. Agora, veja, isso não faz nenhum sentido. Eu não quero ir para o pasto. Não quero ir me deitar lá fora. Você sabe o que acontece lá fora?

J: Larvas?

A : Coisas que grudam, estrume de vaca. Eu não quero ir lá fora. Eu tento, mas não vejo nada sobre esse livro. Não sei por que dizem que é um bom livro.

J: É assim que eles o chamam – O Bom Livro?

A: Eu nunca o ouvi ser chamado de outra coisa por muito tempo, quando eu estava crescendo.

J: Todo mundo tinha um desses?

A: Sim, até nós tínhamos um.

J: Ah, na época em que você era menina? Você já tentou ler?

A: Não. Meu pai conseguia ler. Encontrava algo lá para provar qualquer coisa que ele quisesse provar. Eu gostava da frase "cala a boca".

J: A frase "cala a boca"? O que é isso?

A: Bem, se você perguntasse algo a ele e não ficasse quieto, ele abria o livro e lia: "Honrai vosso pai e vossa mãe". Então ele fechava o livro e dizia: "Você sabe o que isso significa? Significa cala a boca!"

J: (Grande risada) Ah, ele dizia muito isso, não é?

A: Sim, ele dizia isso quase todos os dias. Dizia que lia muito a Bíblia. Ha!

J: Onde fica essa casa em que você está hospedada, perto da cidade? Ou vocês estão bem no centro da cidade?

A: Bem, essa casa não é tão longe, mas a polícia continuava indo à outra casa e nos mudamos para cá por um tempo, até as coisas se acalmarem.

J: A polícia a incomoda muito?

A: Eles aparecem muito fazendo perguntas, agindo de forma inteligente, me ameaçando. Não tenho medo deles.

J: Sobre o que eles estavam fazendo perguntas?

A: Eles ficam querendo saber tudo sobre o Al. Aonde vamos e quem encontramos, todo tipo de coisa. Não posso contar nada a ninguém. Al me disse para manter minha boca fechada sobre tudo, e eu mantenho. Não contei nada a eles quando me perguntaram. Eles vieram à minha casa. Queriam saber sobre o pacote.
J: *Que tipo de pacote você recebeu?*
A: (acentuadamente) Você não vai contar para a polícia, vai?
J: *Não.*
A: Eu o joguei no lago.
J: *Ótimo. Eles não o encontrarão lá. O que o pacote continha?*
A: Tinha uma arma dentro. Nós a embrulhamos e a envolvemos com fita adesiva e uma toalha, e até com tijolos dentro, fizemos um pacote grande. E saí em um barco e o joguei no lago.
J: *Em que tipo de barco você saiu?*
A: Era um barco de turismo.
J: *Você sabe por que a polícia queria aquela arma?*
A: Eles nem sequer me disseram que queriam uma arma. Perguntaram se eu tinha um pacote. Acharam que tinham o visto me dar um pacote. E eu lhes disse que não sabia do que estavam falando. Eu não falo. O Al me trata bem e eu não falo.
J: *É isso mesmo.*
A: Não preciso cozinhar. Não preciso fazer nada.

Ao acordar dessa sessão e ao conversar sobre ela, Anita disse que a sequência da arma teve um efeito estranho sobre ela. Ela tinha tido um sonho recorrente durante anos de sair em um barco e jogar algo ao mar. Ela presumiu que poderia ter sido um sonho de algum evento futuro, pois não fazia sentido. Ela também se lembrou de um incidente peculiar que havia ocorrido quando ela morava nos arredores da cidade de Nova York. Ela saiu em uma balsa com um grupo de outras mulheres. Anita se sentiu desconfortável o tempo todo e ficou parada no corrimão e olhando fixamente para a água. Ela tinha um desejo irresistível de jogar algo na água. Inexplicavelmente, ela disse a uma das outras mulheres, exasperada: "Eu não tenho um pacote. Me dê sua bolsa. Eu a jogarei na água!" Não é preciso dizer que elas não a deixaram fazer isso. Mas ela nunca conseguiu entender o motivo de suas estranhas ações.

Por que algo assim incomodaria Anita em outra vida? Será que, embora June estivesse rodeada por pessoas envolvidas com o crime, era essa a primeira vez em que ela realmente participava de algo ilegal? Ela poderia olhar para o outro lado e fingir que isso não existia, mas isso a incomodava quando ela mesma estava envolvida. Além disso, havia também a aversão de Anita à violência que se escondia em segundo plano.

A próxima sequência entrou nos "Estrondosos Anos 20".

J: *O que você está fazendo?*
A: Tentando me sentir melhor.
J: *Você tem estado doente?*
A: Oh, não muito doente. Acho que foi algo que comi ou bebi.
J: *Parece que você esteve em uma festa. O que estava bebendo?*
A: (Ela segurou a cabeça.) Não sei o que era, mas tinha um gosto horrível!
J: *Onde foi a festa?*
A: Eu a dei no hotel. (gemido) Ainda me sinto tonta!
J: *Que hotel era esse?*
A: Gibson. Eles têm uma grande sala de jantar, um bom lugar para festas.
J: *Você está morando no Gibson Hotel agora?*
A: Não, tenho minha própria casa.
J: *Onde?*
A: Ora, é bem aqui! Estou dentro dela!
J: *O que estou querendo dizer é: qual é o endereço daqui?*
A: Lake Road.
J: *Você tem o número da casa?*
A: Não, é só Lake Road.
J: *Quer dizer que, se eu lhe enviar um cartão de melhoras endereçado a você na Lake Road, você o receberia?*
A: Ei! Isso seria legal! Nunca recebi nada parecido com isso antes. Eu nunca recebo nenhuma correspondência!
J: *Você costuma enviar alguma?*
A: Não. Para quem eu escreveria?
J: *Ah, você conhece muitas pessoas.*
A: Bem, eu as vejo todos os dias. Só que nunca recebo nenhuma carta.
J: *Você já pensou em escrever para seus pais?*

A: Não! Talvez queiram que eu volte ou algo assim. Eu não quero fazer isso. Prefiro ficar aqui. Tenho uma vida muito boa. Não quero estragar tudo agora.
J: Quantos anos você tem, June?
A: Eu gostaria que você não me perguntasse isso! Eu simplesmente não gosto de falar sobre isso!
J: Ok. O Al tem aparecido por aí ultimamente?
A: Ele me levou à festa ontem à noite.
J: Quero dizer, hoje de manhã. Ele passou por aí para ver como você está se sentindo?
A: Ainda não saí da cama. Acho que ele está em seu quarto. Talvez eu nem me levante hoje.
J: Sim. Talvez seja melhor você ir com calma hoje. Você conheceu alguém novo na festa de ontem à noite?
A: Bem, alguns homens que estavam lá. Havia alguns policiais.
J: Policiais? Em sua festa?
A: Sim. Esse foi um dos motivos pelos quais fizemos a festa. Eles podem dar uma boa olhada em todo mundo e saberão quem não devem incomodar. Eles ainda não sabem muito. Mas é melhor que eles nunca me parem por nada! Eles não me incomodam!
J: Alguém os apresentou a você?
A: Não. Oh, o Al me indicou para eles. Isso sempre me deixa um pouco envergonhada. Conversei um pouco com eles. Nunca fui apresentada a eles. O Al disse que eu não precisava falar com eles, que isso não era para mim. Só para que eles soubessem quem eu era e para nunca me incomodar.

Os tempos certamente haviam mudado em relação ao episódio anterior, quando eles foram tão assediados pela polícia que tiveram de se mudar de casa por algum tempo até que as coisas se acalmassem. A proibição tornou-se lei (seca) em 1920 e parece que, no início, a polícia tentou reforçar a lei. Mais tarde, quando as gangues passaram a ter mais controle sobre a cidade, as coisas mudaram. Havia muitos rumores de que Big Bill Thompson, o prefeito de Chicago durante aqueles anos turbulentos, estava na folha de pagamento dos gângsteres. Isso parece coincidir com o que June disse anteriormente sobre ter participado de uma festa na casa do prefeito. Em 1930, quando a repressão às gangues começou, descobriu-se que essas conexões eram verdadeiras. Na época, foi chamada de "Tríplice Aliança" entre as gangues, a polícia, os juízes e os altos políticos.

Em outra ocasião, quando conversamos com June, ela tinha voltado de uma festa e estava dormindo. Dessa vez, ela não estava cooperando e não quis falar conosco. Ela queria que a deixássemos em paz para que pudesse dormir. Quando essas circunstâncias estranhas surgiam, isso nos mostrou que nunca se sabe aonde uma pessoa vai chegar durante uma sessão de regressão. Isso deu mais provas de que estávamos realmente falando com um ser humano vivo e mostrou como Anita estava se identificando completamente com a outra personalidade. Então Johnny passou para outra época, nos anos 1920.

Esse incidente continha uma descrição de como a gangue operava. Havia também a primeira indicação de que ela estava ficando doente.

A: Não vou fazer nada hoje. (Irreverente) Não, acho que não vou fazer nada. Só estou querendo ir com calma.
J: *O que você fez ontem?*
A: Fui fazer compras.
J: *O que você comprou?*
A: Ah, comprei alguns chapéus e sapatos. São sapatos prateados.
J: *Prateados? Você tem um vestido para usar com eles?*
A: Mandei fazer um.
J: *Aposto que esses sapatos custam muito dinheiro.*
A: Pode acreditar. Paguei nove dólares por eles.
J: *Caramba! Eles devem durar muito tempo.*
A: Não, eles não duram muito tempo. Vou gastá-los dançando. Eu fico com falta de ar quando danço por muito tempo. Mas gosto muito de dançar, no entanto.
J: *O que você planeja fazer amanhã, June?*
A: Bem, eu não sei. Ainda não é amanhã. Talvez eu vá a algum lugar hoje à noite. Se eu for a algum lugar hoje à noite, vou descansar amanhã. Nunca sei se poderei ir a algum lugar ou não. Fico em casa quase todas as noites e espero pelo Al. Se ele vier, vamos a algum lugar, se ele quiser. Às vezes passamos a noite aqui.
J: *Ele esteve aí recentemente?*
A: Ele esteve aqui ontem à noite.

J: *Ele gostou dos sapatos e chapéus que você comprou? Você mostrou a ele?*
A: Não mostro muito a ele. Eu apenas os uso. Eu costumava mostrar a ele tudo o que eu comprava, como uma criança. Agora, eu só digo a ele se quero alguma coisa, ou então vou comprar. Se ele não gostar, ele me avisa.
J: *Ah, mas ele não sabe sobre os sapatos de nove dólares.*
A: Ah, ele não vai se importar. Ele me comprou alguns uma vez e pagou US$ 30 por eles. Ele disse que fazem sapatos mais caros do que isso em alguns lugares. Eu deveria ter o que eu quisesse.
J: *Por um par de sapatos? Parece-me que US$ 30 comprariam muitos pares de sapatos.*
A: Bem, ele riu; ele disse que alguns pobres coitados não têm muito o que comer em um mês.
J: *Sim, acho que algumas dessas pessoas trabalham muito tempo por US$ 30.*
A: Eu não! Eu não!
J: *Você tem ido a alguma festa ultimamente?*
A: Bem, temos uma no mês que vem que será a maior de todas. Vou precisar de muita ajuda extra para essa festa.
J: *Você vai fazer isso aqui na sua casa?*
A: Sim. Não faço mais isso com muita frequência, mas acho que será um bom momento para fazê-lo.
J: *Que tipo de festa vai ser?*
A: Bem, poderíamos chamá-la de festa de 4 de julho, mas não é bem assim. Teremos fogos de artifício e faremos todo tipo de coisa. Na verdade, é um disfarce.
J: *Disfarce? O que realmente está acontecendo?*
A: Eles vão matar dois homens. Lá embaixo, na garagem.
J: *O Al lhe contou isso?*
A: Não, ele não me contou. Mas eu o ouvi dizer.
J: *O quê? Dois de seus amigos ou...*
A: Bem, parece-me engraçado matar seus próprios amigos, mas eu lhe digo, acredito que o Al mataria sua própria mãe se fosse conveniente para ele. Não é possível jogar nos dois lados do campo.
J: *São eles com os quais ele trabalha e que ele vai encontrar na festa?*
A: Sim. Ele disse: "Deixe as coisas correrem um pouco; deixe-os pensar que estão muito seguros e que se safaram.

J: O que eles fizeram?
A: Bem, não tenho muita certeza. Tinha algo a ver com algum dinheiro e uma garota.
J: Oh, você acha que talvez eles tenham roubado algum dinheiro dele?
A: Bem, acho que sim. Acho que eles jogaram nos dois lados da cerca. Deixaram a garota ir a algum lugar que não deveria ir.
J: Você acha que o Al... o Al vai matar?
A: Bem... ele fez isso no início do jogo. Ele fez sua parte, eu acho, mas ele não precisa fazer isso agora. Não corre riscos.
J: Ele tem outra pessoa que faz isso por ele?
A: Tudo o que ele precisa fazer é dizer: "Você conhece tal e tal pessoa?" O homem diria: "Sim". Ele dirá: "Ouvi dizer que eles não vão ficar conosco por muito tempo". Eu o ouvi falando com um homem, e ele disse: "Ouvi dizer que eles estão indo para uma festa no dia 4 de julho, uma festa de despedida, e ouvi dizer que vai haver um acidente". E ele riu e disse: "É, esses filhos da puta não vão voltar para casa".
J: Que tipo de acidente você acha que eles vão sofrer?
A: Bem, comecei a pensar que talvez eles estariam usando todos aqueles fogos de artifício para encobrir o barulho. Talvez eles atirarão neles.
J: Eles terão de fazer algo com os homens depois de matá-los.
A: Oh, isso não é problema algum. Você pode se livrar de um corpo muito fácil.
J: O que eles fazem?
A: Ah, é só jogá-los em um poço de cal viva, cobri-los e deixar agir por um tempo. Não demora muito.

Isso foi uma surpresa. Minha primeira suposição foi que eles jogariam os corpos no lago, já que estavam tão perto da água. Aparentemente, eles tinham métodos mais completos.

J: Isso dissolve o corpo?
A: Oh, ele corrói tudo, eles me dizem.
J: Eles já fizeram isso antes?
A: Eu os ouvi falar sobre isso. Quando meu cãozinho mordeu o Al, ele disse que que ia jogá-lo em um daqueles poços e que não ia dar a ele a graça de uma bala primeiro. Mas ele não fez isso.
J: Que tipo de cachorro você tem?

A: Bem, ele teve de ser sacrificado há mais ou menos um ano, mas eu tinha um um cachorrinho muito fofo. Ele era um daqueles cachorrinhos pequenos. Eu o encontrei em uma estrada e o trouxe para casa. O Al nunca gostou daquele cachorro. Ele latia e rosnava para ele o tempo todo. Chegou a um ponto quando o Al estava em casa, eu tinha que deixar o cachorro na garagem ou algum outro lugar. Um dia, ele chegou e o cachorro estava no meu quarto comigo, e o cachorro ia acabar com ele. Foi quando ele ameaçou de se livrar do cachorro.

J: *Era um cachorro pequeno?*

A: Ah, acho que era o que você chamaria de um cachorro médio; não era nem muito grande, nem muito pequeno. Não gosto desses cães que se parecem com ratos.

J: *Você tinha um nome para o cachorro?*

A: Bem... ele tinha um nome. Eu o chamava de Peter. Não sei por que, parecia ser um bom nome para ele. O Al disse que era muito vulgar, mas eu não queria dizer isso. Ele era apenas um cãozinho simpático. De qualquer forma, eu o chamava assim. Eu gostava daquele cachorro. Sabe, aquele cachorro nunca deixava ninguém me tocar. Ele costumava se sentar e chorar o tempo todo que estava na garagem.

J: *Você disse que o encontrou na rua?*

A: Sim. Estávamos dirigindo e ele estava deitado na beira da estrada choramingando. Achei que talvez ele tivesse sido atropelado. Eu queria parar e levá-lo a um médico. Quando o peguei, vi que ele estava faminto. Parecia só ter ossos; os pêlos estavam caindo. O Al disse que era a coisa mais horrível que ele já tinha visto. O cachorro começou a rosnar para ele imediatamente. Eu disse a ele o que meu pai disse: que um cachorro distingue pessoas boas de pessoas ruins.

J: *O que o Al achou disso?*

A: Ele me disse que se ele rosnava para as pessoas ruins, eu era tão ruim quanto ele. Eu apenas ri. Sei mais que é isso. Nós discutimos por conta disso às vezes. Mas fiquei com o cachorro e, em pouco tempo, ele estava correndo por aí, sendo brincalhão. O pêlo voltou a ser bonito e macio.

J: *Ele perdeu muito pêlo?*

A: Sim. Não caiu em pontos como se fosse sarna ou algo do gênero. Mas o pêlo era fino, seco e quebradiço. Eu costumava lavá-lo em uma banheira e o alimentava com ovos e leite quase todos os dias. Moía a carne para ele. O Al disse que eu tratava daquele cachorro melhor do que a ele.

J: *Você disse que teve de sacrificar o cachorro?*

A: Bem, um dia ele saiu de casa e foi atropelado, e a perna do pobre coitado estava toda esmagada. Ele era velho, eu acho, e o médico olhou para ele e disse que achava que ele nunca mais seria o mesmo. Eu não aguentava mais ver o pequeno sofrer. Sei o quanto gosto de ir. Quando não posso sair e ir, fico magoada e choro. Eu não poderia fazer isso com ele. Então, eu gostaria que alguém me colocasse para dormir às vezes.

J: *Porque, June?*

A: Oh, há dias em que me sinto muito bem. Há dias em que é difícil respirar. Começo a tossir e a tossir até perder a cabeça.

J: *Você já tossiu sangue?*

A: Sim, às vezes. Só uns pontinhos de vez em quando.

J: *O que o médico diz sobre isso?*

A: Ele disse que é porque eu tusso tanto que fico com dor de garganta. Mas é o meu peito que dói.

J: *Você está tossindo há muito tempo?*

A: Bem, começou há alguns anos com um resfriado, e a tosse parecia estar sempre persistindo. E ela começou a piorar cada vez mais, e eu odeio quando isso acontece. Isso me faz sentir fraca.

J: *Talvez você devesse ir para a cama e descansar por alguns dias.*

A: Bem, não posso ficar na cama por dias seguidos. Tenho feridas nas costas por ficar deitada na cama o tanto que me dizem. Nós podemos continuar e em breve me sinto bem. Eu descanso mais, só isso. Às vezes, a voz fica grave.

J: *Ah, isso também afeta sua voz?*

A: Parece que às vezes é difícil falar. Não falo mais como falava há muito tempo, quando era mais jovem. (Mais alto) Quero dizer, não é que eu esteja velha!

J: *Oh, não! Ora, você não parece ter nem um dia a mais de ... 35.*

A: É mesmo? Obrigado!

J: *Você tem um dia a mais de 35 anos?*

A: Eu pareço?

J: *Não.*

A: Então não tenho! O homem é tão velho quanto se sente, e a mulher é tão velha quanto aparenta!

J: *(Pausa) O que você vai fazer para se preparar para essa festa de 4 de julho?*
A: Ah, você sabe, vamos ver os fogos de artifício e comprar algumas coisas para beber, eu acho. Pedir para algumas pessoas entrarem e tocarem música.
J: *Uma banda?*
A: Bem, sim, acho que você poderia chamá-los assim, quatro ou cinco pessoas. Vou ter dois cozinheiros extras aqui para cozinhar.
J: *O que está planejando servir?*
A: Bem, pensei em servir alguns presuntos assados, fatiados. Teria todo tipo de coisa para acompanhar os presuntos.
J: *Isso é bom. Quase todo mundo gosta de presunto. Eu me pergunto o quanto será que aqueles dois homens que não vão sair da festa gostam de presunto?*
A: O Al perguntou a eles o que gostavam de comer. Eles acham que vão ser convidados muito especiais. O Al lhes disse que ninguém seria tratado como eles seriam naquela noite.
J: *(Risos) Mas ele não disse a eles como seriam tratados, não foi?*
A: Não, o peito deles estava todo inchado, e dava para ver que eles achavam que iriam receber uma promoção. O Al disse que se eles estivessem vivendo bem, poderiam subir muito mais.

Esses duplos sentidos eram divertidos, mas a voz de Anita de repente ficou tensa e sumiu. Ela gemeu: "Oooh... meu peito está doendo". Em seguida, sua voz começou a ficar rouca.

J: *Você tem uma tosse pior no verão ou no inverno?*
A: (Sua voz soou rouca) Bem, acho que é realmente pior no inverno. Oooh ... (ela parecia estar sentindo dor).
J: *Talvez ficar ao sol ajude um pouco.*
A: (Ela tentou limpar a garganta.) Bem, acho que dizem que ...

Sua voz ficou tão rouca que era difícil de ouvir. Então ela começou a tossir.

J: *Parece que os médicos devem ter algum remédio que trataria bem disso.*
A: Não, ele não funciona muito bem. Às vezes funciona; às vezes não. (Ela parecia fraca.)

Johnny a levou para frente no tempo para aliviar seu desconforto. Assim que ele terminou de contar, a voz dela ficou boa.

J: *Vou contar até três e vamos avançar até 1930. (Contou) Estamos em 1930; o que você está fazendo agora?*
A: Não estou vendo nada.
J: *Você não está vendo? ... Quantos anos você tem?*
A: (de forma objetiva) Acho que não tenho nada.

Até esse ponto, ela tinha sido tão consistente que a única explicação a que chegamos foi que ela não estava mais envolvida com a vida de June/Carol. Isso significa que ela deve ter morrido antes de 1930, mas quando e como? Isso também trouxe à tona um ponto interessante. Se Anita estivesse apenas inventando uma história de fantasia para agradar o hipnotizador (como foi sugerido), por que não continuou com a história? Por que, de repente, ela se deparou com uma parede em branco quando Johnny a levou para 1930? Se ela tivesse de fato morrido antes dessa época, ele agora teria de voltar no tempo e descobrir as circunstâncias. Mas isso teria que ser feito com cuidado para não colocar ideias na cabeça dela. Sem revelar seus pensamentos sobre a situação, ele a regrediu novamente para o ano de 1927.

J: *Estamos em 1927. O que está fazendo agora?*
A: Dirigindo meu carro. (Aparentemente, ela havia retornado à vida de June.)
J: *Para onde está indo?*
A: Dirigindo, o mais rápido que posso. ... Estou brava. (Ela parecia estar.)
J: *Por que você está brava?*
A: Não tenho visto o Al. Ele não atende o telefone. Já se passaram três dias. Ele disse que estava ocupado em um trabalho.
J: *Talvez ele tivesse que sair da cidade.*
A: (Sarcástica) Ouço essa história muitas vezes.
J: *Onde está dirigindo?*
A: Em uma estrada, no campo.
J: *E a que velocidade você está indo?*
A: Ah, estou indo bem rápido, quase 30.

J: *Quantos anos você tem agora? Estamos em 1927? Você tem cerca de 50 anos?*
A: Bem perto. Mais perto do que eu admito. Mesmo tingindo, não dá para cobrir as rugas. Se tingir o cabelo, as rugas aparecem. (Ela parecia muito deprimida).
J: *Por quê? Você está começando a ter algumas rugas?*
A: Sim. Não sou mais bonita. Eu era bonita, mas não sou mais agora. Enrugada e velha. Simplesmente não sou boa. Nada nunca foi bom. (Ela parecia muito triste.)
J: *Bem, você tem se divertindo muito. Vivendo de verdade.*
A: Sim. Mas eu não fiz nada. Não fiz nada para ninguém. Eu poderia ter mandado algum dinheiro para minha mãe. Ela poderia tê-lo usado. ... Eu o gastei comigo.
J: *Você ainda está dirigindo pela estrada?*
A: (deprimida) Não, parei no lago. Está quase escuro, mas não muito. A noite está diferente.
J: *Como está diferente?*
A: (Muito triste) Eu quero pular, mas estou com medo. ... Estou perto da água. Estou olhando para ela.

Sabíamos que ela deve ter morrido em algum lugar no final da década de 1920. Será que ela cometeu suicídio? Johnny sabia que não podia ir direto e perguntar a ela, por medo de sugerir isso. Então, ele decidiu mantê-la falando e deixá-la contar sua própria história sem nossa influência.

J: *Em que época do ano estamos?*
A: Final da primavera. Vejo lilases, e os arbustos estão por toda parte. (Longa pausa) Quero ir para casa, mas não há ninguém lá. ... Estou sozinha... Não é divertido ficar sozinha. ... Às vezes, eu vejo o Al.
J: *Aposto que se você voltar para casa e ligar para o Al, ele estará lá.*
A: (Sua voz era um sussurro.) Acho que não. Ele só é legal porque não quer que eu fale. Ele sabe que eu não vou falar. Ele sabe que eu o amo.

Parecia que ela não iria dizer o que aconteceu. Johnny não queria forçar a questão, então teria que continuar a ver se conseguia descobrir o que havia acontecido. Ficou claro nas sessões seguintes, que ela não se matou naquela noite escura à beira do lago, embora devesse estar terrivelmente deprimida a ponto de ter pensado nisso.

Na sequência seguinte, ela se refere a uma viagem que havia feito. Em duas ocasiões distintas com meses de diferença, ela mencionou a mesma viagem, então combinei-as porque continham essencialmente os mesmos fatos. June estava obviamente doente, e parecia que ela estava chegando perto do fim de sua vida.

Johnny a regrediu para o final da década de 1920 e mal havia terminado de contar quando ela começou a tossir forte e prolongadamente. Quando ela parou, ele continuou.

J: Como você se sente, June?
A: (hesitante) Estou me sentindo fraca. Estou tentando me sentir melhor.
J: Qual parece ser o problema?
A: Acho que fiquei um pouco resfriada. Não estou conseguindo respirar bem. Estou doente ... há mais de uma semana. Há cerca de uma semana. Achei que nunca mais voltaria para cá.
J: Onde você estava?
A: Ah, fiz uma viagem com o Al. Estávamos indo para Nova York, mas não chegamos lá. Paramos em Detroit.

Aparentemente, June ficou doente durante a viagem e foi por isso que eles não conseguiram chegar até o fim.

J: Detroit? Caramba, isso é muito longe.
A: Eu juro. Não é tão perto e tão bom quanto Chicago. Não é como esta cidade! Gosto mais desta cidade.
J: Também não é nem de longe tão grande, não é?
A: Não sei. Ela parece bem grande, mas não tem a classe que Chicago tem. Não gostaria de sair nunca daqui. Nós continuamos ... como se fosse um negócio, mas comprei muitas coisas e me diverti muito.
J: Quem foi com você?
A: Ah, fui com uma garota, seu marido e o Al. Era para ser a negócios, e fomos com eles para não parecer que eram apenas homens viajando sozinhos. E levamos... Acho que era sua prima ou sobrinha dessa moça... uma garotinha conosco. O Al disse que parecíamos uma grande família feliz.

Descobri que, durante esse período, havia uma gangue conhecida como "Purple Gang" em Detroit. Seria esse o motivo de eles não quererem ser detectados na viagem de "negócios"?

J: *É uma longa viagem até Detroit, não é?*
A: Fomos de carro. É uma viagem longa... leva um bom tempo, sim. Se você for muito longe em um dia você fica muito cansado.
J: *A outra mulher é uma grande amiga sua ou vocês se conheceram antes da viagem?*
A: Bem, eu a conheço. Eles vêm aqui em casa. Ela não é realmente uma boa amiga. Eles vêm muito aqui a negócios e outras coisas.
J: *Você tem muitos amigos por aqui?*
A: Bem, o Al não gosta que eu fique muito amiga de algumas pessoas. Eu vejo pessoas. Ele traz muitas pessoas para cá. Não me aproximo muito de ninguém.
J: *Você quer dizer que eles são, em sua maioria, amigos de negócios do Al?*
A: Sim, e suas namoradas. Cuidado com o que você diz, mesmo para eles.

Ela começou a tossir violentamente de novo.

A: Parece que não consigo me livrar desse resfriado. Acho que meus pulmões estão um pouco fracos. Às vezes, é difícil respirar.
J: *Bem, acho que a luz do sol provavelmente ajudará muito. Isso é tão bom quanto tomar remédio.*
A: Acho que é melhor. Às vezes, os remédios deixam você com sono. Apenas descansar naturalmente é melhor.
J: *O médico já esteve com você?*
A: Ah, já fui a dois ou três desde que fiquei doente.
J: *O que eles dizem que está errado?*
A: Eles nunca me dizem. Eles me dão algumas injeções e me dão um remédio. Ele me faz dormir bastante.
J: *Qual é o nome do seu médico? Você tem um médico que cuida de você o tempo todo?*
A: Não estou vendo ele. Ele pediu a outro médico para me consultar, para ver o que ele achava que era o problema. Disse que ele saberia mais sobre isso que ele.

J: *Ah, cada médico tem sua área de atuação. Um médico pode saber um pouco mais sobre resfriados, e outro médico pode saber um pouco mais sobre braços quebrados.*
A: Esse aqui não é muito inteligente.
J: *Não é?*
A: Não, não é! Ele acha que vou sair de Chicago. Ele não é muito esperto mesmo. Eu não vou sair daqui. Sim, ele disse sobre um clima quente e seco. Eu lhe disse que já estive em uma fazenda quente e seca. Não me fez bem algum. Eu gosto daqui.
J: *Qual é o nome do médico?*
A: Bem, acho que é Brownlee.
J: *Vou me certificar de que não o pegarei.*
A: Não, não faça isso! Ele quer mandar todo mundo para o Arizona.
J: *Arizona? Onde fica isso?*
A: Só Deus sabe. No fim do mundo, eu acho. Eu perguntei a ele imediatamente, se era em Chicago? Ele riu e disse que não. E o Al disse, esqueça, ela não vai.
J: *Clima quente e seco. O que seu médico habitual tem a dizer sobre isso?*
A: Bem, ele me disse que eu deveria fazer tudo o que esse homem dissesse. Eu apenas perguntei a ele se eles estavam em uma conspiração. Devem estar vendendo terras no Arizona. Essa garota vai ficar em Chicago. Eu gosto disso.
J: *Qual é o nome do seu médico habitual?*
A: Oh, é Lipscomb.

Mais tarde, escrevi para a Associação Médica Americana em Chicago. Perguntei se um médico com qualquer um desses nomes havia exercido a profissão em Chicago durante o final da década de 1920. Eles responderam dizendo: "James W. Lipscomb, M.D., morreu em 25 de abril de 1936, em Chicago". Eles não conseguiram identificar Brownlee. O ano da morte de Lipscomb indicaria que ele provavelmente estava exercendo a profissão em Chicago na época em questão, e o nome não é comum. O fato de Brownlee não ter sido identificado não seria muito estranho, pois ele soava como um especialista e poderia ter vindo de qualquer lugar. Além disso, ela não tinha certeza do nome dele. Quando você começa a difícil tarefa de tentar verificar algo como isso, qualquer pequena parte que se confirma é como encontrar um diamante na areia. Pergunte a qualquer pessoa que já tentou pesquisar sua árvore genealógica.

J: Lipscomb. Ele é um bom médico?
A: Bem, eu achava que sim até ele trazer esse cara para cá. Eu não acredito em nenhum deles. Ele disse que o clima frio me prejudicava. Eu gosto de frio.
J: Seu problema é na garganta?
A: Não consigo respirar tão bem e tusso muito.
J: Mas você disse que dói em todo o peito?
A: Quando eu tusso, dói.
J: Bem, o clima está frio e úmido lá fora?
A: Bem, morando perto deste lago, acho que é úmido na maior parte do tempo; é o que dizem. Nunca me pareceu que fosse úmido. Eu gosto disso.
J: Em que mês estamos?
A: É dezembro.
J: Já nevou?
A: Um par de pequenos flocos.
J: Isso provavelmente não ajuda em nada sua tosse e sua respiração.
A: Nunca me pareceu que isso me prejudicou. ... (Ela ficou desconfiada.) O senhor não é médico, é?
J: Não. ... Mas vou me lembrar do nome daquele homem, aquele que está tentando vender terras no Arizona.
A: Maldito idiota!

Capítulo 5
A morte de June/Carol

Era óbvio que a saúde de June havia se deteriorado muito, mas ela manteve seu senso de humor até o fim. Dois outros episódios curtos confirmaram que ela estava doente na cama durante todo o mês de julho de 1927. Eles continham essencialmente os mesmos dados apresentados aqui.

J: Estamos em 27 de julho de 1927. O que está fazendo agora?
A: (Sua voz era quase um sussurro.) Estou na cama.
J: Como está se sentindo? Está resfriada?
A: Não, estou apenas doente... cansada. Muito fraca.
J: O médico já foi visitá-la?
A: Ele vem todos os dias. Ele me dá injeções.
J: Em quanto tempo ele diz que você vai ficar boa?
A: Ele me diz que qualquer dia desses... mas a cada dia me sinto mais fraca.
J: Ele sabe o que há de errado com você?
A: Não, ele diz que não sabe. Mas ... ele diz que é a minha idade. Você consegue imaginar isso! Eu disse a ele que tinha 40 anos e ele apenas riu. Ele sabe muito bem. Al vem me ver todos os dias. Ele me traz flores. Ele disse que lamentava o fato de não termos nos casado.
J: Ele ainda é casado com sua esposa?
A: Sim. Ele nunca poderia deixá-la e se divorciar dela. Ele não conseguiria fazer isso. Ele queria, mas simplesmente não conseguia.

Johnny a adiantou mais um dia, para 28 de julho, e ficou surpreso com a reação dela.

J: É 28 de julho de 1927. O que está fazendo?
A: Estou livre novamente!
J: Livre? Onde você está?

A: Flutuando e esperando. Estou esperando na casa.
J: *O que você vê na casa?*
A: Vejo tudo, e o Al. Ele está chorando.
J: *Você está lá?*
A: Estou lá na cama. Estou olhando para mim mesmo.
J: *Ah? Como você está?*
A: (sem rodeios) Acho que me pareço com qualquer outro cadáver.
J: *(Chocado) Quer dizer que... você está morta?*
A: Sim.

Não esperávamos isso. Eu realmente não sei o que esperávamos que acontecesse se ela regredisse até o ponto da morte. Mas ela estava conversando conosco da mesma forma que conversava durante a vida de June/Carol. Sua personalidade certamente estava intacta e ela não parecia diferente. Ainda assim, era difícil para Johnny pensar em como formular suas perguntas. Como se fala com uma pessoa morta?

J: *Do que você morreu?*
A: Meu coração... e o sangue. Eu me engasguei com o sangue. Eu me lembro de falar e continuei engasgando. O Al chorou e o médico fez tudo o que podia, mas eu morri. E eu consigo me ver.

Isso perturbou tanto Johnny que ele achou melhor passar para outra cena. Ele não conseguiria manter uma atitude objetiva até que tivesse tempo de absorver informações tão surpreendentes. Mas toda vez que ele a levava para aquele período de tempo no final da década de 1920, ela voltava a esse estado "morto" ou espiritual. Por fim, aprendemos a lidar com isso e pensar em perguntas objetivas. O que você pergunta a uma pessoa depois dela ter morrido? Isso abriu uma grande quantidade de informações possíveis, depois que o choque passou. É preciso lembrar que nosso experimento em reencarnação estava ocorrendo antes que houvesse livros no mundo ocidental que pudessem ter nos ajudado a lidar com a situação. Suponho que poderíamos ter nos assustado com essa reviravolta nos acontecimentos e parado de trabalhar com Anita nesse assunto, mas nossa curiosidade era grande.

De outra sessão:

A: Estou em um cemitério. Não, não é um cemitério. Há apenas algumas pessoas neste lugar comigo, um cemitério de família. E eu posso me ver, mas estou enterrada.
J: Você consegue ver as outras pessoas?
A: Não, mas sei que elas estão aqui. Eu converso com algumas delas. Nós conversamos sobre a esposa do Al. Ela não queria que eu fosse enterrada lá. Ela disse que, de todos os insultos, que aquele era o pior. Estou no cemitério da família dele.
J: E com quem você está falando?
A: Bem, é a mãe do Al. Acho que é a mãe dele. Ela está morta há mais tempo do que eu. Ela me disse para não ter medo. Esse cemitério... fica na casa da mãe do Al. A casa já foi vendida, mas eles mantiveram essa terra para o cemitério. Eles não queriam que ninguém os incomodasse.
J: Isso é bem ali em Chicago?
A: Oh, não. Fica bem longe, no campo. Vários quilômetros. Foi muito engraçado, porque achei que teria de ficar lá e, no começo, fiquei com medo. E a mãe dele começou a conversar comigo e me contar tudo sobre isso e como não ter medo.
J: Você se lembra do que aconteceu?
A: Bem, eu me lembro que estava muito doente e não conseguia respirar. E de repente, eu não conseguia sentir nada. E todo mundo começou a chorar, e eu meio que fiquei parada ao lado da minha cama. E isso me assustou que eu podia me ver deitada ali. Muito estranho no começo. Então eu fiquei com aquele corpo. Achei que tinha de ficar. Eu não sabia que poderia deixá-lo.
J: Foi quando você viu a mãe do Al pela primeira vez?
A: Sim. Eu a vi no cemitério. Eu estava com medo de ter de ficar naquele corpo, e eu não queria ser enterrada. Eu estava muito assustada no começo. Mas agora não tenho mais medo. Ela me disse que eu não preciso ficar lá no cemitério. Posso ir a qualquer lugar que eu quiser. Apenas fazer o que eu quiser. Eles me disseram que há coisas que terei de fazer mas, até agora, não me disseram nada.
J: Ela lhe contou isso?
A: Sim, ela me falou sobre isso. Ela conversou comigo por muito tempo.
J: Ela está lá agora?

A: Não, ela foi para algum lugar. Perguntei a ela onde e ela tentou me explicar. Mas não entendi.
J: *O que ela disse?*
A: Que, às vezes, dizem para você fazer coisas, e você vai e faz. Eu apenas perguntei a ela, e se eu não quisesse fazer o que dissessem. E ela riu e disse que eu iria querer. Nunca alguém me disse que eu tinha que fazer algo por muito tempo. Não sei sobre isso.
J: *Você disse que está no cemitério? Você consegue ver onde seu corpo foi enterrado?*
A: Sim. Tenho uma cruz.
J: *Há alguma coisa escrita nessa cruz?*
A: Meu nome. E diz: "Minha amada descansa aqui". E diz, "28 de julho de 1927".
J: *Mais alguma coisa nela?*
A: Só isso. E meu nome: June... Gagiliano.
J: *Gagiliano? Achei que você e o Al nunca tivessem se casado!*
A: Ele me amava, mas não podia se casar comigo.
J: *Mas ele lhe deu o nome dele em sua lápide.*
A: Sim. ... Antes de eu morrer, ele disse que faria isso. Ele disse que era seu último presente.

Não é de se admirar que a esposa de Al estivesse furiosa. June não só foi enterrada no cemitério da família, ela também recebeu o nome dele.

Em outra sessão:

J: *O que está fazendo, June?*
A: Sentada aqui neste quintal. Esta casa era minha.
J: *Essa casa era sua?*
A: Sim. Eu gostaria de poder ficar nesta casa.
J: *Você não pode ficar aqui?*
A: Não. Tenho de ir a outros lugares algum dia. Eu ficaria aqui se eles me deixassem. Esta casa era um palácio para mim.
J: *Alguém lhe disse que você teria de sair?*
A: Você não deve ficar em casas e assustar as pessoas ou algo do gênero.
J: *Quem lhe disse isso?*
A: A mãe do Al.

J: *O que está acontecendo em sua casa agora?*
A: Estão arrumando minhas coisas.
J: *Quem está?*
A: O Al. Ele não deixa ninguém mais tocar em minhas coisas.
J: *O que ele vai fazer com elas?*
A: Não sei. Acho que vai doá-las. Algumas delas eu acho que ele sempre manterá. Ele está colocando tudo em baús e caixas.
J: *Talvez ele vá levar tudo para a casa dele.*
A: Não sei. Ele continua falando. Ele não sabe que consigo ouvi-lo. Ele me diz que me amava. Me diz que ninguém mais significou nada para ele. Ele me quer de volta. No entanto, não quero realmente voltar.
J: *Não? Achei que você gostava de sua vida lá.*
A: Eu gostava. É melhor não se preocupar. Estar aqui. Ele estará aqui também, um dia. Todo mundo vem para cá.
J: *Você fala sobre vir para cá. Onde fica isso? Você está aqui no quintal.*
A: Para este mundo. Todo mundo morre e seu espírito fica livre novamente. Eu ainda não sei tudo. Tenho que aprender mais. Mas é uma boa sensação estar aqui.
J: *E de onde você vem?*
A: Não venho de lugar nenhum. Eu apenas ando por lugares.
J: *E como é esse mundo em que você está? É quente?*
A: Ah, não.
J: *É frio?*
A: Não, é bem adequado.
J: *E como você se movimenta? Você flutua ou...*
A: Eu simplesmente decido onde quero estar e estou lá. Parece que você se move por mágica. Não entendo; simplesmente faço isso. Isso virá até mim, é o que dizem.
J: *Você se move rápido?*
A: Ah, sim. Ou, se você quiser, pode ir devagar.

Em outra sessão:

J: *O que está fazendo?*
A: Esperando o Al chegar aqui.
J: *Onde você está?*
A: Estou sentada aqui, esperando no cemitério.

J: *O Al estará aqui logo?*
A: Acho que antes de muito tempo. Não deve demorar muito.
J: *Como você vê as horas?*
A: Ah, você simplesmente julga. É apenas algo que você sabe. Não é mais como antigamente, quando você tinha de fazer tudo dentro do horário.
J: *Então você acha que o Al estará aqui muito em breve?*
A: Antes do fim do ano.
J: *Como você sabe que ele estará aqui?*
A: A mãe dele me contou. E quando fui vê-lo, percebi.
J: *Como você percebeu?*
A: Eu apenas olhei para ele e percebi.
J: *Quer dizer que, ao olhar para ele, você percebeu que ele estaria lá com você em breve?*
A: Sim, eu podia sentir isso.
J: *Você pode me descrever esse sentimento ou como ele a afeta?*
A: Não sei como fazer você entender. Você simplesmente olha para uma pessoa e a sente, como se soubesse o nome dela e tudo o que há para saber sobre ela. É ainda mais do que isso. É como se você soubesse a altura da pessoa, a cor de seu cabelo, e sabe quando ela vai estar lá com você. Você pode contar tudo sobre o passado, e ... tudo.
J: *E você diz que consegue ver o passado delas?*
A: Às vezes, sim. Eu podia dizer muito sobre o Al, mais do que eu jamais sabia em todos os anos em que o conheci. Porque antes, quando ele dizia algo para mim, ou eu tinha de acreditar e me surpreender ou pensar que não era verdade e duvidar. Agora eu posso simplesmente olhar para ele e sei.
J: *Conte-me algumas dessas coisas sobre o Al que você aprendeu agora, que você não sabia antes.*
A: Bem, antes ele sempre me dizia o quanto me amava, mas às vezes ele era tão desprezível. Eu nunca sabia se ele realmente me amava ou não. Agora, sei que ele sempre me amou muito. E às vezes eu me preocupava quando não o via, me perguntava onde ele estava e se ele tinha outra namorada. E quando eu olhava para ele, essas coisas, eu simplesmente sabia. Ele realmente não amava ninguém além de mim.
J: *Mas ele era casado e tinha filhos.*

A: Sim, sim. Mas ele não era feliz com ela. Não tenho mais ciúmes dela. Eu costumava ter. Eu queria que ele se casasse comigo, mas sei que agora ...

J: Você consegue olhar para o Al e ver que tipo de trabalho ele estava fazendo?

A: Sim, eu conseguia ver. (Triste) Ah, ele está metido em todo tipo de coisa ruim. Ele sempre me disse antes para não perguntar nada a ele. Eu sabia um pouco, mas não queria saber de nada ruim. (Quase soluçando). Então eu simplesmente não pensei sobre isso. E quando descobri, fiquei muito magoada. Acho que ele não vai se safar dessa. Eles o matarão antes que isso acabe.

J: O que ele faz?

A: Bem, ele faz coisas que não deveria fazer. Ele está encarregado de muitas coisas que não estão certas. Transporta mulheres para lá e para cá.

J: Para lá e para cá, para onde?

A: Cidades diferentes, estados diferentes. Eles chamam isso de "escrava branca".

J: O que são essas coisas que ele está fazendo?

A: Eles compram esse pó branco. Eu o vi fazendo isso agora. Eles misturam açúcar e outras coisas e vendem. Colocam em pequenos envelopes e vendem.

J: Há mais alguma coisa que ele faz?

A: Bem, eles entregam armas para as pessoas que as querem. Ele até já mandou matar pessoas. Não acho que ele mesmo tenha feito isso, mas ele já mandou matar pessoas.

J: Ele pede para outra pessoa fazer isso?

A: Oh, há muitos rapazes que trabalham para ele.

J: Ele é o chefe?

A: Ele é um dos rapazes grandes. Não há muitos acima dele.

J: Há alguém que seja chefe dele?

A: Há mais dois, mais acima.

J: Quem são eles?

A: Bem, eu o vi falar com um que está com ele. Ele está encarregado de outro território, e eles falam sobre o chefe. Há um deles tão alto que nunca o pegarão. Não acho que eles saberão quem ele é, ou se estava envolvido ou não.

J: Mas você não sabe quem ele é?

A: Não sei qual é o chefe mais importante. Quando descobri pela primeira vez, fiquei assustada. Não tentei descobrir muito. Detesto saber essas coisas sobre ele, mas sei que ele trabalhou com o Frank.
J: Frank? Esse é o chefe?
A: É esse mesmo.
J: É aquele que é tão alto que ninguém jamais o tocará?
A: Não. O Frank é apenas... quando eles o pegarem, vão pensar que pegaram o homem do topo.
J: Você sabe o nome completo dele?
A: Bem, quando eu o conhecia, não sabia que ele era o chefe. Mas quando voltei para ver o Al, eu sabia. Eu sabia seu nome e tudo mais. Antes eu não sabia.

Johnny e eu estávamos literalmente prendendo a respiração. Será que conseguiríamos algo que pudesse ser verificado?

J: Qual é o sobrenome dele?
A: Nitti.
J: Nitti. Frank Nitti. Você o conhecia bem?
A: Ah, eu o vi. Eu o vi muitas vezes. Eu não achava que ele fosse muito inteligente. Não é engraçado?
J: E ele é o chefe do Al.
A: Sim, eu achava que o Al era o chefe dele. Ninguém nunca soube exatamente o que Frank fazia. O Al sempre dizia que ele tinha um temperamento ruim. Não faça nenhuma pergunta. Seja lá o que ele diga, concorde e aja como se estivesse falando sério.

Finalmente, tínhamos o nome de uma pessoa real. Qualquer pessoa que esteja familiarizada com as histórias dos estrondosos anos 20 e das gangues de Al Capone e Frank Nitti, conhece suas reputações notórias. Eles foram algumas das figuras mais notáveis daquela época extravagante. Mas tente encontrar qualquer informação sobre sua gangue! A Tribuna de Chicago e o Departamento de Polícia de Chicago não conseguiram me ajudar em nada.

A Tribuna de Chicago não conseguiu nem mesmo dar qualquer informação sobre Frank Nitti, que sabemos que viveu. Eles escreveram de volta: "Nós lamentamos não poder ajudar muito com suas perguntas sobre o início da história do crime em Chicago. Nossos arquivos de artigos são apenas fragmentários com relação a esse período e não conseguimos encontrar nada a respeito dos assuntos de sua pergunta, ou seja, Frank Nitti e sua gangue".

O Departamento de Polícia de Chicago também foi um beco sem saída. Eles nem sequer responderam à minha carta. A melhor fonte de informações acabou sendo um livro antigo que encontrei na Biblioteca da Universidade de Arkansas. Ele foi impresso em 1929 e é considerado uma raridade. O livro era "Organized Crime in Chicago" (Tradução livre: Crime Organizado em Chicago), de John Landesco. Frank Nitti, também conhecido como "Executor", era o segundo no comando e o gerente de negócios do sindicato de Al Capone. Ele lidava com a maior parte do dinheiro da "proteção". Não foi possível encontrar informações sobre homens que possam ter trabalhado para ele. Landesco afirmou que o sistema de manutenção de registros no departamento de polícia era muito primitivo naquela época. As impressões digitais eram coletadas, mas se a pessoa não tivesse registro, elas não eram arquivadas, mas jogadas fora. Os registros eram extremamente incompletos, e alguns líderes de gangues muito importantes não tinham nenhum registro ou tinham registros muito escassos. Os jornais da época (que localizei em microfilme) contavam mais sobre o que estava acontecendo do que os registros.

Além disso, parece que o nome Gagiliano é comum em Chicago, embora fosse estranho para nós. Portanto, uma pesquisa nos arquivos da polícia seria uma questão de separar o joio do trigo e esperar que você encontre algo. Também seria extremamente demorado. Além disso, June mencionou que Al não queria que ninguém soubesse seu nome verdadeiro. Ele pode ter tido outro nome na gangue para proteger sua família.

Nessas circunstâncias, qualquer pesquisa sobre essa época se torna extremamente difícil. À primeira vista, esse não parece ser o caso, já que os eventos ocorreram em um passado relativamente recente. E foi decepcionante quando esses obstáculos começaram a aparecer.

Em outra sessão, perguntaram a Anita onde ela estava.

A: Estou apenas circulando pelos lugares. Apenas fazendo o que me mandam ... aprendendo. Às vezes, volto para minha própria casa, mas há outras pessoas morando lá agora, e ela não é mais muito

bonita. Eles não cuidaram dela. Deixaram minhas paredes brancas ficarem sujas. Elas precisam ser pintadas. Não gosto de vê-las. Eles mudam meus móveis. Eles mudam as coisas de lugar, e eu não gosto disso, então não vou com muita frequência.
J: *Onde você fica a maior parte do tempo?*
A: Com o Al. Na casa dele.
J: *Você acha que ele consegue ver você?*
A: Eu falo com ele, mas ele não me ouve. Ele chora muito. Ele está ficando velho também. Não o amo mais como antes, mas me sinto próxima.
J: *Você não o ama?*
A: Não como eu o amava naquela época. Eu me sinto muito mais próxima.
J: *Você acha que vai esperar aqui até ele morrer?*
A: Não. Eu sei como ele vai morrer. Não quero ver isso.
J: *Como você sabe?*
A: Eu consigo ver. (Incomodada) Eu consigo ver. Se você se concentrar, você pode ver as coisas.
J: *Como o Al vai morrer?*
A: Eles vão matá-lo. A polícia vai atirar nele. Eles o estão observando há muito tempo. E eles vão finalmente matá-lo.
J: *Que ano será quando eles atiraram nele?*
A: Daqui a pouco tempo. Antes do final deste ano.
J: *Você consegue se concentrar e ver à frente o que vai fazer?*
A: (Longa pausa) Vou ficar aqui por um tempo. Tenho de conversar com Al. Dizer a ele que entendo todas as coisas. Depois vou embora.
J: *Para onde você acha que irá?*
A: Não sei. Pensei que iria para o inferno quando morresse, mas não fui. Não estou queimando!
J: *Você já viu o Céu?*
A: Não. Conversei sobre isso com a mãe do Al. Ela também não esteve lá ainda. Nós apenas olhamos ao redor e vemos as coisas.
J: *Você pode ver os edifícios. Você consegue ver as coisas como elas eram quando você estava viva?*
A: Sim. Posso passar pelos prédios. Posso falar, posso gritar, e eles não podem me ouvir. Ninguém pode me ouvir. Se eles se concentrassem, poderiam me ouvir. Todo mundo poderia ouvir os espíritos se apenas se concentrasse. Algumas pessoas têm medo

de espíritos. Eles tentam te avisar, mas eles não te machucam. Falo com o Al e digo a ele: "Não vá lá esta noite! Não vá lá; não vá lá! A polícia está vigiando".

J: *Para onde ele está indo?*

A: Ele está indo para um lugar onde fabricam coisas.

J: *Uísque?*

A: Todo tipo de coisa. Ele vai lá e supervisiona. Ele diz a eles para onde levar. A polícia está o observando há muito tempo. Eles vão realmente tomar medidas drásticas.

De acordo com arquivos de jornais antigos, a repressão começou em 1929 quando cerca de 3.000 pessoas foram presas em um dia. Ela continuou em 1930, quando os jornais listaram os nomes dos policiais e o número de gângsteres que cada um havia matado. O Comissário foi informado de que ele teria toda a ajuda que ele e seus esquadrões de "policiais assassinos" precisassem. Os nomes dos gângsteres não foram listados porque havia muitos sendo presos ou mortos. É lógico supor que a morte de Al ocorreu nessa época.

J: *Você não vai ficar por perto e vê-lo morrer?*

A: Não quero vê-lo morrer.

J: *Mas você disse que quer falar com ele.*

A: Quando ele for enterrado, nós conversaremos. Não vou para onde isso vai acontecer. Vou ficar aqui mesmo e esperar por ele.

J: *Ele será enterrado lá no cemitério da família?*

A: Sim. Eles vão colocá-lo lá. A esposa dele está furiosa. Ela não quer que ele fique perto de mim.

J: *Você consegue ver quando a esposa dele vai morrer?*

A: Ela vai viver mais um pouco. Ela viverá por seus netos. Seus filhos já estão todos casados e vão ter netos.

J: *Você vê o Al depois que ele morre?*

A: Vejo seu espírito. Nós conversamos.

J: *A mãe do Al também está lá?*

A: Ela conversou conosco. Ela sabe que ele me amava quando estava vivo. Nossos espíritos eram próximos. Mas não podemos ficar juntos por muito tempo. Parece que tenho de ir para outro lugar.

J: *Você tem de ir?*

A: Eles te chamam quando precisam de você.

J: *Quem chama você?*

A: Há uma voz que me chama. Ela está me chamando para ir embora.
J: E para onde você vai?
A: Não sei... Siga, flutue e siga. ... O Al já foi chamado. Eu esperei por ele. Ele está indo. Ele está indo. ... (Pausa) Há uma mulher. Ela continua orando por ajuda.
J: Que mulher?
A: Não sei. Eu vou lá, mas não gosto. É em Missouri. Essa mulher se mudou para longe da fazenda. Ela também não gostava da fazenda. Talvez seja por isso que eu deva ajudá-la. Mas ela é burra. Eu falo com ela, mas ela não me ouve. Se eu fizer barulhos, ela ouve os barulhos. Ela os chama de avisos.
J: E essa mulher está orando?
A: Ela está dizendo: "Por favor, Deus, me ajude. Não consigo suportar isso de novo". Ela está trabalhando muito. Ela tem muitos filhos. (Pausa) Ah, Deus, não quero ter que ficar aqui. ... É como antes... Seu marido é mau com ela. Eu tento dizer a ela para ir embora, mas ela tem medo de ir. Ela tem muitos filhos e está com medo.
J: Foi para isso que a voz te chamou, para ir até ela?
A: Sim. Devo fazer algo aqui, mas não sei o quê. (Sua voz soou muito triste.) Eles vão me dizer. Alguém vai me dizer o que fazer. – A voz! – Tenho de voltar e ser pobre de novo. (Ela parecia espantada). Vou ter de ser outra pessoa de novo!
J: Quem lhe disse isso?
A: Eu simplesmente sei disso. É um sentimento que tenho. Estou dentro deste corpo. Essa mulher me odeia, e eu ainda nem nasci... Eu tenho alguns braços começando a crescer... algumas pernas... elas serão pernas. Tenho que passar por isso de novo. (Com um sentimento de resignação.) Já passei por isso antes, e antes, e antes. E eu tenho que fazer tudo de novo. ... Essa não vai ser fácil.
J: Vai ser mais difícil do que aquelas que você conheceu antes?
A: Sim. Ela me odeia. Ela fica rezando todos os dias para que eu morra. Ela me odeia!
J: Qual é o seu tamanho agora?
A: Estou quase pronto para nascer. Estou grande... para um bebê, estou muito grande. (Pausa) Ela continua sentada e chorando. Ela não me quer. Ela não sabe que eu já a ajudei. Seu marido iria deixá-la, mas quando ela ficou grávida, ele não foi. Ele não podia deixá-la grávida.
J: Quantos filhos ela tem?

A: Eu seria seu oitavo, mas um morreu. Eu conversei com ele. Ele me
contou o que aconteceu. Ela disse a todo mundo que ele morreu,
mas ele não morreu. Ele nasceu, e ela estava em casa sozinha. Ele
nasceu prematuro, e ela não quis amarrar o cordão umbilical. Ela
o deixou morrer. Ela o matou! Ela o odiava. Ela não queria
nenhum filho.

Ficou claro que Anita estava falando de sua entrada em sua vida
atual. Mais tarde, ela disse que não sabia de nenhum problema entre
seu pai e sua mãe. Seu pai sempre foi carinhoso e gentil com ela, mas
sua mãe nunca lhe demonstrou afeto. Ela era uma mulher muito fria.
Anita nasceu quando sua mãe já estava mais velha, depois da
"mudança de vida", e ela sempre pareceu ter rancor de Anita. Como
resultado, ela cresceu sem nenhum sentimento em relação à mãe, mas
adorava seu pai. Ela tem muitos irmãos e irmãs, todos mais velhos do
que ela. A menina mais nova já era adolescente quando Anita nasceu,
então também não havia proximidade com os irmãos. A família
sempre dizia que havia outra criança, um menino que morreu antes de
Anita nascer, mas isso era tudo o que se dizia. Se o que Anita estava
lembrando sob hipnose fosse verdade, ela sabia que nunca poderia
contar isso a ninguém de sua família. Suponho que sua mãe seria a
única pessoa que saberia a verdade sobre o que realmente aconteceu.
A mãe de Anita morreu mais ou menos na mesma época em que
começamos esse experimento e Anita não lamentou sua morte. Mas
esse não era exatamente o tipo de coisa que você poderia perguntar à
sua mãe.

J: Você já nasceu?
A: Está bem perto. Seu corpo está cansado. Ela não faz força para
baixo. O médico a está ajudando. Ele a empurra, e seus músculos
se movem. Ele empurra... ele empurra.

Isso foi muito dramático. Anita começou a ofegar e a buscar ar.
Ela agarrou os braços da cadeira e quase se empurrou para cima do
assento enquanto girava a cabeça de um lado para o outro, como se
estivesse lutando para respirar.

A: (Ela ofegou.) É difícil respirar... é difícil respirar. É melhor eles se
apressarem. Eu vou me estrangular.

Eu estava ficando preocupado. Era muito difícil assistir a isso. Será que ela poderia realmente se machucar? Mas então pensei: ela nasceu. Ela chegou bem aqui. Se Johnny estava preocupado, ele não demonstrou. Ele parecia estar no controle da situação.

J: *A corda está enrolada em seu pescoço?*
A: (Ela estava ofegante.) Não. Não consigo respirar. Ela está apertada. Está apertada... Não consigo respirar bem... Graças a Deus, o médico está aqui. Ela não vai me matar!

Ela soltou um grande suspiro de alívio e se recostou na cadeira.

J: *Está mais fácil respirar agora?*
A: Eu nasci agora. Minha cabeça está para fora de qualquer maneira. Essa é a parte mais difícil. (Pausa) Estou deitada em uma mesa. Minha tia está me lavando. Tia... Lottie é o nome dela.

Sua tia Lottie lhe disse que estava presente quando Anita nasceu em casa.

J: *Você consegue vê-la?*
A: Quando ela tirar esse véu do meu rosto, eu consigo.

Observe que existe uma crença popular de que um bebê que nasce com um véu sobre seu rosto terá habilidade psíquica.

A: Sou um bebê bonito, mas sou vermelho.
J: *Bem, isso levará alguns dias para desaparecer.*
A: Vou passar por tudo isso de novo.
J: *Você se lembra da... Carol?*
A: Em algum lugar do passado, eu a conheci. Ela fez um monte de coisas erradas. Coisas erradas. Preciso ser cuidadosa desta vez. E não fazer essas coisas. Se eu me casar, continuarei casada. Nunca mais vou fugir novamente, não importa o quanto eu queira. Acho que é por isso que tive de voltar.
J: *Sua mãe já lhe deu um nome?*

A: Bem, minha mãe quer me dar um nome, mas meu pai não deixa. Meu pai disse que ela nunca me quis. Ela não tem o direito de me dar um nome.

J: *Seu pai vai lhe dar um nome?*

A: Acho que ele vai dar ouvidos à minha tia... Ela diz que Anita é um nome bonito. É um nome exótico, e talvez eu seja famosa ou farei algo com um nome desses. E minha mãe odeia esse nome.'No momento, ela odeia... mas eu não me importo. Meu pai contou ao médico, e já está na lista de nomes. ... E eles me deram o nome de Jane. Anita Jane. (Secretamente) Jane é como Carol... Eu também era a Jane.

Ela disse isso como se tivesse um segredo que só ela soubesse.

J: *Como assim, você era a Jane?*

A: Há muito tempo, eu era a Jane. ... E sabe o que é engraçado? Minha mãe acha que ganhou uma discussão, mas ela não ganhou nada. Ela disse que meu nome era em homenagem à mãe dela, Jane. Mas eu costumava ser Jane. Eu teria sido Jane de qualquer maneira.

Essa sessão que englobava a morte e o renascimento de June como Anita durou duas horas emocionantes. Estávamos emocionalmente esgotados... exaustos... e prontos para encerrar a sessão e fazer uma pausa. No entanto, agora ela estava nos dizendo que havia mais. Havia outra personalidade que tinha sido chamada de Jane! Bem, já tínhamos tido o suficiente para uma sessão e precisaríamos digerir o que havíamos ouvido. Jane teria de esperar até mais tarde.

Capítulo 6
Conhecemos a Jane

As observações misteriosas e intrigantes de Anita no final da última sessão deram a dica de que havia muito mais à frente, fora do alcance. Isso prometia que tínhamos apenas arranhado a superfície. Era como estar balançando uma minhoca para um peixe desavisado, e fomos fisgados. Quem era Jane? Existia uma Jane? Nesta sessão, tentaríamos descobrir, mas ainda assim Johnny tinha que ter muito cuidado ao formular as perguntas para não influenciá-la. Ele sempre tentava permitir que Anita contasse sua história com suas próprias palavras. Ele a levava de volta a uma época anterior à vida de June/Carol.

J: Vou contar até cinco e vamos voltar ao ano de 1870. (Contou) O que você está fazendo?
A: Estou apenas vagando.
J: À deriva? Está quente?
A: Está bem.

Descobrimos que sempre que ela dizia que não sentia nem calor nem frio, ela geralmente estava no estado de espírito. Essa condição será explorada mais detalhadamente em outro capítulo.

J: Você consegue ver alguma coisa?
A: Estou vendo onde eu morava. Na casa grande que pegou fogo. No Tennessee.
J: Em que cidade fica?
A: Memphis.
J: Como o casarão foi queimado?
A: Os soldados a queimaram.
J: Por que eles fizeram isso?
A: Não sei. Houve uma guerra e... Eu não estava lá quando eles queimaram. Apenas os observei.

Como ela era obviamente um espírito, Johnny decidiu retroceder para descobrir mais sobre essa vida. Ele a levou para o ano de 1860 e perguntou: "Onde você está?"

A: Estou em minha casa.
J: E onde fica sua casa?
A: (A voz de Anita mudou para um sotaque sulista bem definido) Minha casa é em Memphis.
J: E qual é o seu nome?
A: Meu nome é Jane.

Então, essa era a Jane que Anita havia mencionado após sua morte como June/Carol.

J: Qual é o seu sobrenome, Jane?
A: Meu nome é Jane Rockford.
J: Quantos anos você tem?
A: Vou fazer 18 anos em breve.
J: Você é casada?
A: Ainda não. Estou noiva do filho do nosso vizinho. O nome dele é Gerald, Gerald Allbee (Allby?).
J: Você gosta do Gerald?
A: Gosto muito dele.
J: Quando vocês vão se casar?
A: No próximo verão.
J: Você está indo para a escola agora?
A: Oh, não. Eu já fui à escola. Fui para a escola por vários anos para aprender a ser uma dama.
J: E... você foi para a faculdade?
A: Não, estudei em uma escola para senhoras. Perto de St. Louis.
J: Qual era o nome dessa escola?

Johnny estava procurando algo que pudéssemos verificar.

A: Era... era... Whitley? Whittley? É engraçado que não consigo lembrar disso. Não faz tanto tempo assim... Eu estava com muitas saudades de casa. Lá em cima é muito mais frio, você sabe. E eu sentia falta da minha mãe.

Mais tarde, escrevi para a Sociedade Histórica do Missouri para ver se eles poderiam nos dar alguma informação sobre uma escola com esse nome. Esta foi a resposta: "Encontramos no Diretório de St. Louis de 1859, listado em Schools and Seminaries, Private (Escolas e Seminários, Particulares), o nome Elizabeth Whiting, Locust St. entre 4th e 5th. O jornal Missouri Republican de 1º de setembro de 1860, contém um anúncio de primeira página que diz: "A Sra. Jewett (sucessora da Srta. Whiting) iniciará a segunda sessão anual de sua escola na segunda-feira, 3 de setembro..."

Independentemente de essa ser ou não a mesma escola que Jane frequentou, a semelhança dos nomes e as datas correspondentes parecem significativas. Em 1860, quando a escola mudou de dono, ela já havia terminado e estava de volta em sua casa em Memphis.

Johnny tentou obter informações históricas porque sabíamos que essa data era anterior ao início da Guerra Civil.

J: Você pode me dizer quem é o presidente agora?
A: Bem, estamos tendo um grande debate sobre quem será o presidente. E Lincoln, se conseguir, não vai continuar sendo presidente.
J: Ah, mas quem é o presidente agora?
A: Eu não o conheço. [James Buchanan].
J: Mas esse homem, Lincoln, vai ser o presidente?
A: Meu pai diz que ele não pode ser. Não podemos tolerar isso. É algo intolerável. Ele não sabe nada sobre nossa vida e não nos entende no Sul. E não podemos deixá-lo ficar. Eles discutem, e você não deixa de ouvir. Eu não gosto de ouvir. Eles falam sobre guerra.
J: Vai haver uma guerra?
A: Pode ser que sim, se ele for eleito. Eles não o tolerarão. Ele é intolerável.
J: E... você tem 18 anos de idade?
A: Sim, suh (senhor).
J: E sua casa fica em Memphis, Tennessee? Qual o tamanho da sua casa?
A: Oh, é uma casa grande, pode-se dizer, para essas bandas. Eu imagino que seja do tamanho das outras casas. Deve ter... talvez 14, 15 cômodos, varandas e ...
J: Sua casa fica bem em Memphis?
A: Bem, fica nos limites da cidade. Fica na Gately Road.

J: *Você tem irmãos ou irmãs?*
A: Bem, tenho uma irmã mais velha que já é casada. E eu tenho um irmão mais novo, apenas um ano mais novo.

Nesse ponto, Johnny achou que seria interessante ver se Jane sabia escrever seu nome. Isso já havia funcionado antes, quando ele pediu à criança Carolyn que escrevesse seu nome. Ela havia imprimido o nome para nós. Então, ele pediu que Anita abrisse os olhos e lhe deu um lápis e papel. Sempre pareceu muito difícil para Anita abrir os olhos em uma situação como essa, como alguém que estivesse dormindo profundamente. Mesmo com seus olhos abertos, eles tinham uma aparência vítrea. Anita (Jane) escreveu em uma letra bonita e fluida, com letras maiúsculas, "Mistress Jane Rockford". Não tem nenhuma semelhança com sua caligrafia normal [de Anita].

J: *Que legal. Você aprendeu isso na escola?*
A: Prática e prática para escrever com clareza.

Enquanto tentava pensar em mais perguntas, Johnny decidiu pedir a descrição dela. "Qual é a cor de seu cabelo?", perguntou ele.

A: Loiro.
J: *Como é sua aparência? Você é magra?*
A: Bem, tenho apenas 45 centímetros de cintura. É claro que ela está um pouco para dentro.

Uma declaração estranha para a pessoa acima do peso que está na cadeira!

J: *O que você está vestindo?*
A: Estou usando um vestido azul.
J: *Ele tem uma saia completa?*
A: Ah, estou usando os meus aros.
J: *Ah, sim. Quantas anáguas?*
A: Eu uso quatro na maioria das vezes.
J: *Quatro?... Que tipo de sapatos?*
A: Ah, meus sapatos são sandálias pequenas, e há uma tira no meu pé.
J: *E quanto ao seu cabelo?*

A: Bem, minha mammy* (termo usado para descrever uma babá negra) o arruma. E ela o penteia para trás em ondas... você pode ver os cachos na parte de trás. (Anita virou a cabeça para o lado e deu um tapinha em seu cabelo).
J: Uma mammy? Você tem muitos empregados?
A: Ah, meu pai tem muitos negros.
J: Qual é o nome do seu pai?
A: Mestre Rockford.
J: E sua mãe?
A: O nome da minha mãe? O nome dela também é Jane.

Portanto, nossa segunda personalidade havia surgido, e essa jovem sulista era tão diferente de nossa "atrevida" de Chicago, quanto a noite do dia. E as duas também eram muito diferentes de Anita. O restante da história de Jane Rockford veio à tona durante várias sessões, portanto, vou colocá-las em ordem cronológica para facilitar a leitura. Nosso primeiro contato com Jane foi em 1850.

J: O que está fazendo?
A: Brincando com minhas bonecas. (Sotaque sulista novamente) Está muito quente lá fora.
J: Deve ser verão.
A: Oh, terras, sim.

Johnny perguntou novamente seu nome e onde ela morava para verificar se estávamos falando com Jane.

A: Moro na Gately Road, na grande casa branca.
J: Quantos anos você tem, Jane?
A: Oito. Meu aniversário foi na primavera.
J: Você teve uma festa de aniversário?
A: Só família.
J: Você ganhou muitas coisas legais?
A: Eu sempre ganho presentes. Ganhei um anel bonito, roupas novas. Eu ganhei essa boneca com a qual estou brincando.
J: Ah, isso é bonito. Você está indo para a escola?
A: Uma senhora vai lá em casa.
J: Ah, você tem um tutor.
A: Um quê?

J: *Ah, eles não chamam isso de tutor? Como você a chama?*
A: (Inocentemente) Eu a chamo de Srta. White.
J: *Senhorita White. Você não a chama de professora ou algo do gênero?*
A: Ah, ela é minha professora.

Sempre nos pareceu estranho quando Anita não sabia o significado de uma palavra cotidiana, enquanto regressava a essas outras vidas. Essas eram palavras que sua mente consciente certamente conheceria. Isso aconteceu em várias outras ocasiões. Às vezes, quando você tem que explicar o significado de uma palavra, é complicado. Isso dá uma sensação estranha de que você está realmente em contato com uma pessoa de outra época. Entramos em contato com Jane novamente aos 15.

J: *O que você vê?*
A: O quintal. Ele logo estará verde... ainda não está.
J: *Onde você está morando, Jane?*
A: Na casa do meu pai e da minha mãe.
J: *Ah, essa é a casa grande e branca?*
A: É muito grande.
J: *Em que cidade você está?*
A: Um pouco afastada de Memphis.
J: *Como você vai para a cidade?*
A: Em uma carruagem.
J: *É uma viagem longa?*
A: Oh, não; não é longe.
J: *Você vai muito à cidade?*
A: Quando posso ir.
J: *Quantos anos você tem, Jane?*
A: Você deveria perguntar?
J: *Bem, eu só queria saber.*
A: Bem, tenho 15 anos.
J: *Você está indo para a escola?*
A: Estou indo. Estou em casa agora. Vou estudar fora este ano. Vou estudar por três anos. Talvez eu vá por mais tempo.
J: *Para onde você está indo?*
A: É bem perto de St. Louis.
J: *Ah, isso é no norte.*

A: Sim. Meu pai vai me levar. Estamos indo de barco. Os barcos vão até lá o tempo todo. Você pode ir ainda mais longe se quiser.
J: Você já andou nesses barcos no rio antes?
A: Eu fui até os diques e dei uma olhada neles.
J: Mas você nunca andou em um deles?
A: Ainda não.
J: Aposto que vai ser divertido.
A: Estou com um pouco de medo, mas acho que será divertido.
J: Oh, não há nada a temer. Você sabe nadar?
A: Não. (Nesta vida, Anita é instrutora de natação).
J: Você nunca aprendeu a nadar?
A: Não.
J: Bem, você sabe como os peixes. Eles se divertem muito na água nadando.
A: O que eu faria com meus braços?
J: Bem, veja bem, quando você nada, precisa usar os braços como o peixe usa suas nadadeiras.
A: Acho que sim.
J: Você disse que viu o barco? Qual é o tamanho dele?
A: Oh, tem três andares. E papai disse que há outro cômodo ainda, embaixo. Seria embaixo da água.
J: Qual é o nome do barco?
A: Ah, há vários que entram e saem de Memphis. Eu não sei qual deles pegaremos.
J: Achei que você já tinha feito os preparativos.
A: Ah, ainda falta muito tempo para a escola.
J: Seu pai e sua mãe vão para lá com você, até que você se instale na escola?
A: Acho que só o papai. Ele faz esse tipo de coisa.
J: Você disse que a escola fica perto de St. Louis. Não é em St. Louis?
A: Ah, não. Não é na cidade; é fora. E eles ensinam todos os tipos de coisas, como equitação e coisas do gênero.
J: Isso vai ser muito divertido.
A: Mas podemos ir à cidade às vezes para fazer coisas. Não é tão longe a ponto de que não dê para ir à cidade. Papai disse que seria só um pouco mais longe do que a nossa casa fica da cidade. Só um pouquinho mais longe.
J: Você tem seu próprio cavalo lá em casa? Você cavalga?

A: Às vezes, sim. Mas não sou muito boa nisso. Eu gosto. Eu me divirto com isso.
J: *Pelo menos você já sabe montar. Aposto que algumas das garotas que vão para aquela escola nem sabem cavalgar.*
A: Talvez não saibam, se não vierem de uma plantação. Algumas meninas que vão para lá são da cidade. Algumas não moram fora como nós vivemos. Eu quero cavalgar como o papai cavalga.
J: *Ele sabe cavalgar muito bem?*
A: Sim, e ele consegue se sentar na sela de maneira diferente da nossa. Seria mais fácil ir mais rápido se você pudesse simplesmente jogar a perna por cima e decolar.
J: *Ah, você não pode se sentar assim?*
A: Não, a sela ... Eu realmente ... Sinto que posso cair. Mas o papai diz que ninguém cai. Você pode colocar sua perna sobre aquela coisinha, e isso também ajuda a segurar você. Eu me seguro com muita força, e papai diz que eu tenho o dom de puxar muito apertado nas rédeas. O cavalo fica nervoso quando você faz isso. Seja gentil com a boca do cavalo. Se você puxar para trás, isso machuca a sua boca. Dessa forma, você estraga um bom cavalo.

Parecia que ela estava se referindo a uma sela lateral. Uma situação incomum surgiu quando retornamos ao ano de 1860, e perguntamos: "O que você está fazendo?"

A: (Pausa) Nada.
J: *Está quente?*

Ele estava pensando que ela poderia estar em forma de espírito, embora não devesse estar, de acordo com o ano.

A: Não.
J: *Está frio?*
A: Não.
J: *Está bom?*
A: Confortável.
J: *O que você vê?*
A: Bem, há muitas fazendas por aqui.
J: *Onde você está?*

A: Estou apenas descansando agora. Posso fazer isso. ... é bom fazer isso... Daqui a pouco eu vou acordar. (Então era isso, ela estava dormindo). Lugares tão bonitos.
J: São todos bonitos e verdes?
A: (Ela acenou com a cabeça.) Tudo é bonito nesta primavera. (Pausa) Eu ouvi dizer que as coisas são diferentes em outros lugares, mas ... Acho que é tudo igualzinho aqui. Eu gostaria de ir ver se é tudo assim mesmo.
J: O que você quer dizer com outros lugares?
A: Ah, eles dizem que se você atravessar o rio e for para o norte, você chega a montanhas e todo tipo de coisa. Há alguns lugares que são apenas pradarias. Eles não plantam muito como nós. Há alguns lugares que são muito secos, sem água alguma. E há lugares em que a temperatura é quase a mesma o ano todo e... e, às vezes, você vai até o oeste e todo o caminho para o norte, faz frio no inverno. Por que, dizem que há neve no chão, às vezes, mais alta do que a cabeça de um homem. Não consigo imaginar isso. Acho que é tudo fazenda. São apenas histórias.
J: Você vai acordar logo, Jane?
A: Bem, eu deveria estar tirando um cochilo. Toda tarde, devemos nos deitar e descansar, como as senhoritas fazem. Mas eu só fico deitada aqui e fico sonhando acordada e pensando em como tudo está. E, às vezes, fico aqui deitada e olho para as glicínias, e fico sonhando acordada.
J: Quantos anos você tem, Jane?
A: Oh, 18.
J: E você está morando em Memphis. Há um grande rio correndo que passa por lá, não é?
A: Sim.
J: Você mora perto do rio?
A: Bem, não exatamente sobre ele. As pessoas que moram bem perto ficam inundadas de vez em quando, e nós reconstruímos. Esta casa está aqui há muito tempo. O pai do meu pai a construiu. Era aqui que ele queria.
J: Ele descobriu onde construí-la para que as enchentes não chegassem até ela.
A: Nós nunca somos atingidos. Temos terrenos altos ao nosso redor. Aqui é seguro.
J: Ah, isso é bom. Tem muita gente trabalhando para seu pai por lá?

A: Brancos, você quer dizer? Apenas o supervisor é branco. A senhora que costura para mamãe. Ela é branca. Tem muitos escravos.
J: *Você sabe quantos escravos seu pai tem?*
A: Oh, há mais de 50 famílias deles.
J: *Isso é bastante.*
A: Bem, sim, mas você sabe, é preciso muito. Há muita terra.
J: *Muito algodão para colher?*
A: Uh-huh. Cultivamos muito algodão.
J: *O que mais vocês cultivam lá na plantação?*
A: Bem, papai gosta que a gente tenha uma horta e tenha coisas frescas. Sabe, nós preparamos grande parte da nossa comida dessa forma.
J: *Você tem sua própria horta?*
A: Há uma horta para a casa.
J: *Mas você não tem uma que seja só sua... Você sai e trabalha no jardim?*

Ele estava pensando na pobre Carol trabalhando na fazenda.

A: (chocada) Oohh, eu teria sardas por toda parte. Ficaria marrom como um negro. Eu não saio no sol. Tenho que passar soro de leite coalhado em minhas mãos, como está.

Isso certamente estava muito longe de Carol.

J: *Por que você passa leitelho* (soro de leite coalhado que resulta da fabricação de manteiga) nas mãos?*
A: Oh, ele ajuda a mantê-las brancas. Você passa o soro no rosto e nas mãos e isso evita com que sardas apareçam, você sabe, se você sair no sol. A Sukey está sempre me pedindo para eu usar meu chapéu e minhas luvas. Às vezes fica tão quente que eu gostaria de tirá-los, mas é importante uma senhora ter uma boa aparência. Você tem de ser branca e bonita.
J: *Quem é a Sukey?*
A: Oh, ela é a minha mammy.
J: *Onde vivem todos esses escravos?*
A: Bem, eles moram em seus alojamentos. A Sukey fica na casa. Ela apenas chora e geme e continua, se tentam fazê-la ficar do lado de fora. Ela tem um pequeno barraco lá atrás, mas não quer ficar lá.

Ela quer ficar comigo. Você sabe, ela está comigo desde que era minha ama de leite. Ela fica miserável se eu não estiver lá com ela. Então, meu pai a deixa ficar no quartinho ao lado do meu.

J: *Dessa forma, ela fica perto de você o tempo todo. Você tem algum namorado?*
A: Alguns.
J: *Você acha que vai se casar em breve?*
A: Sim. Eu vou me casar.
J: *Quando você vai se casar?*
A: Ah, não vai demorar muito. Mas eu ainda gosto de conversar com todos os outros meninos e dançar com eles.
J: *Ah, quando você se casar não poderá conversar com os outros meninos?*
A: Bem, não é certo... não é adequado para uma senhora agir assim. Só preciso tirar tudo isso do meu sistema antes de me casar.
J: *Com quem você acha que vai se casar?*
A: Ah, vou me casar com Gerald. Isso já foi combinado há muito tempo.
J: *Quando você fez esse acordo?*
A: Bem, quando tínhamos cerca de 16 anos... foi meio que decidido. Eu nunca disse, mas de qualquer forma, era ele que eu queria.
J: *Parece que você gosta muito do Gerald.*
A: Ah, eu gosto.
J: *Ele deve ser um rapaz muito legal.*
A: Ele é muito bonito.
J: *Ele mora perto de você?*
A: Bem, sim, bem perto de nós. Vamos construir nossa casa aqui, bem entre os dois. Um dia, isso será meu, e um dia a terra dele pertencerá a ele, e nós construiremos essa casa bem no meio.
J: *Juntar tudo.*
A: Sim, eu quero minha própria casa. Gosto desta, mas quero a minha própria.
J: *Você acha que a Sukey vai com você quando se casar e vai morar na sua casa?*
A: Ah, ela estará comigo. Ela morreria de tristeza. Meu pai disse que eu ficaria com ela, e minha mãe disse que eu ficaria com a Missy.
J: *Quem é a Missy?*
A: É a neta da Sukey, uma coisinha bem pequenininha. Ela será uma ajuda na casa. Vamos pegar alguns escravos da casa dele. Teremos

de ter alguns, também, se começarmos qualquer tipo de plantação mais tarde. Acho que ele vai trabalhar com o pai dele por um tempo.
J: *Os pais dele também tem uma grande plantação?*
A: Oh, é maior do que a nossa. É de bom tamanho.
J: *E quando vocês vão se casar?*
A: No ano que vem.

Johnny decidiu a adiantar um ano até a data de seu casamento.

J: *Você vai se casar na igreja?*
A: Vou me casar aqui mesmo, em casa. Em casa, eu pratico descer as escadas.
J: *Você terá um grande casamento?*
A: Ah, todo mundo vai estar no meu casamento.
J: *Que dia é hoje?*
A: É o primeiro dia de agosto.
J: *Em que ano estamos?*
A: É 1861.
J: *Quem é o nosso presidente?*
A: Abraham Lincoln.
J: *Há quanto tempo ele é presidente?*
A: Não faz muito tempo, e estamos tendo muitos problemas com isso. Vamos escolher Jefferson Davis como nosso presidente.
J: *Jefferson Davis? Ele será um bom presidente?*
A: Ele é um excelente cavalheiro sulista.
J: *(Pausa) Quando vocês vão se casar?*
A: Vamos nos casar muito em breve, quando o Gerald voltar. Ele foi à milícia para tratar de um assunto. Talvez ele tenha de entrar para a milícia. Esperamos até que ele saísse da escola e agora pode ser que ele tenha que ir para a milícia. Ele voltará amanhã.
J: *A milícia o chamou?*
A: Ele foi avisado. Todos os senhores honrados podem ir.
J: *Você tem tudo pronto para o casamento? A casa está toda arrumada?*
A: Eles estão cozinhando e cozinhando. Vamos receber muitas pessoas. Eles estarão aqui em dois dias. Nós estaremos casados em dois dias.
J: *E isso é primeiro de agosto?*

A: Isso mesmo.
J: *Vocês vão se casar em 3 de agosto? Quem conduzirá a cerimônia?*
A: Ora, é o reverendo Jones.
J: *Qual é a sua religião?*
A: Somos Episcopalianos*(membros da Igreja Episcopal, uma denominação cristã protestante que faz parte da Comunhão Anglicana).

Johnny a adiantou para 3 de agosto, o dia do casamento.

A: Estou caminhando por este corredor de escadas em minha casa.
J: *Há alguma música sendo tocada?*
A: Uma música linda. ... Estou tão feliz.

E ela estava feliz. Dava para sentir a emoção genuína em sua voz.

A: E animada.
J: *Você consegue ver o Gerald ali?*
A: Sim. Ele é muito bonito e loiro. Ele está usando um uniforme. Mas ele me disse que não vai demorar muito.
J: *Que tipo de uniforme é esse?*
A: É cinza, com botões de latão.

Cinza era a cor dos uniformes dos confederados.

J: *Para onde você está indo em sua lua de mel?*
A: Não sei. Vamos fazer uma viagem pelo rio. Descendo o rio em um barco.
J: *Para onde?*
A: O Gerald vai me surpreender.
J: *Bem, descendo o rio, seria para o sul?*
A: Ah, sim. Nunca iríamos para o norte com aqueles ianques.
J: *Estamos indo em frente, Jane. Você se casou. Estamos em 4 de agosto. Onde você está?*
A: Estou em um barco, olhando para a água. Estamos descendo até Nova Orleans.
J: *Você já esteve em Nova Orleans?*
A: Não.
J: *Você acha que vai gostar?*

A: Eles me dizem que vou adorar.
J: *Que tipo de barco é esse em que você está?*
A: É um barco como o que eles têm, com algumas rodas. Só o ... você sabe...
J: *Barco com rodas de pá?*
A: Acho que é assim que eles o chamam.
J: *Há muitas pessoas no barco?*
A: Oh, várias.
J: *Você já conheceu alguma dessas pessoas?*
A: Não, na maioria das vezes ficamos sozinhos.

Naturalmente - eles estavam em lua de mel.

J: *Onde está seu marido?*
A: Ele recebeu uma mensagem quando paramos hoje de manhã e está conversando com o capitão do nosso barco.
J: *Você disse que seu marido está na milícia?*
A: Sim. Ele é tenente. Recebemos uma mensagem para ele quando paramos em uma cidade esta manhã, bem cedo.
J: *Gerald lhe disse qual era a mensagem?*
A: Ele disse para eu não me preocupar, mas... talvez tenhamos de voltar cedo. Eles podem precisar dele.
J: *Mas você ainda está indo para Nova Orleans?*
A: Eu quero muito. Não quero voltar agora.
J: *Está bem. Vamos adiantar para o dia 6 de agosto. Eu vou contar até três e será o dia 6 de agosto.*

Quando Johnny contou até três, o corpo inteiro de Anita começou a tremer como se estivesse chorando. Ela continuou a soluçar visivelmente enquanto falava.

J: *Onde você está, Jane?*
A: Estou em casa.
J: *O que está fazendo em casa?*
A: Gerald foi embora. Vamos ter uma guerra... uma guerra ruim. Ele teve de ir. Ele foi com a milícia para a capital do estado. (Ela parecia muito infeliz).
J: *Ele não disse quando voltaria?*

A: (Com raiva) Eles vão colocar os malditos ianques em seu lugar. Ele voltará.

Para tirá-la dessa situação angustiante, Johnny a adiantou para 15 de setembro e perguntou: "O que você está fazendo agora?"

A: (Ela ainda estava muito deprimida.) Só esperando. ... Ainda estou esperando.
J: Você teve notícias do Gerald?
A: Não. Há uma guerra. Recebemos notícias, mas não muitas.
J: Quando começou a guerra?
A: Começou em junho.
J: Ah, começou antes de você se casar.

Ao pesquisar nas enciclopédias para descobrir quando a Guerra Civil começou, encontrei algumas inconsistências surpreendentes. Os primeiros estados se separaram da União já em janeiro de 1861, e algumas batalhas importantes estavam sendo combatidas por volta de abril daquele ano. Portanto, parece que Jane poderia estar errada quando disse que a guerra havia começado em junho. Mas será que ela estava? Decidi pesquisar mais. Verifiquei a história do Tennessee e descobri que o Tennessee havia votado para não se separar dos estados originais. Eles esperaram até que a guerra parecesse séria e as batalhas estivessem sendo guerreadas. Foi o último estado a se separar da União e se juntou aos outros em junho de 1861. Aparentemente, Jane estava certa, pois a guerra começou naquele mês, no que lhe dizia respeito. Além disso, naquela época em que as comunicações eram mais precárias do que hoje, não seria incomum que as notícias chegassem mais lentamente. Gerald aparentemente sabia que algo estava acontecendo, mas não queria alarmar sua nova noiva falando de guerra em sua lua de mel.

J: Que tipo de dia é hoje, Jane?
A: Está chovendo. (Deprimida) Chuva e chuva.
J: Onde você está?
A: Estou na casa da minha mãe.
J: E seu pai está lá?
A: Meu pai está aqui. ... Espere e espere. Papai me diz todos os dias: "Agora não vai demorar muito."

Johnny pensou em seu relacionamento com os pais na vida de June/Carol e na vida atual.

J: Você ama sua mãe e seu pai?
A: Eles são muito bons para mim, muito bons para mim.
J: Jane, vou contar até cinco e será 1º de dezembro. (Contou) O que você está fazendo?
A: Flutuando.

Isso foi uma surpresa. Normalmente, isso significava que ela estava em forma de espírito.

J: Onde você está flutuando?
A: Estou apenas ficando aqui. Estou esperando para ver se o Gerald volta. Ele já se foi há dois anos.
J: (Surpreso) Que ano é esse?
A: Estamos em 63.

Aparentemente, Jane havia se adiantado mais do que ele havia lhe dito para fazer.

J: Você morreu?
A: Pneumonia, disseram que foi.
J: Por causa de todo aquele tempo chuvoso?
A: Eu não comi.
J: Quando você morreu?
A: Há uns dois, três meses. O tempo não tem muito significado agora.

Estimando que a época de sua morte foi em setembro, Johnny voltou para aquele mês.

J: O que está fazendo?
A: Estou flutuando.
J: E o que você está vendo?
A: Vejo muitos espíritos. Pergunto a eles sobre Gerald. Ninguém viu ele ainda. Ele deve estar em algum lugar. Estou procurando em todos os lugares. Os espíritos não o viram.
J: Bem, eles provavelmente só o teriam visto se ele tivesse morrido.

A: Você tem de estar morto. Eu procurei e procurei. Acho que ele é um prisioneiro. Eu não sei. Só tenho um pressentimento.
J: *Você sabe onde?*
A: No norte. E eu quero ir procurá-lo.
J: *Por que você não pode ir?*
A: Odeio ir até lá. Odeio aquelas pessoas. Elas não sabem que estão erradas, mas eu as odeio pelo que estão fazendo.

Novamente, Johnny a regrediu em mais um mês.

J: *É 1º de agosto. O que você está fazendo?*
A: (Sua voz caiu muito baixo e suave) Não estou me sentindo bem.
J: *Onde você está?*
A: Na minha cama.
J: *Você está com febre?*
A: Acho que sim.
J: *Você tem comido?*
A: Não posso comer. Fico doente quando como.
J: *O médico já foi vê-la?*
A: Os médicos estão ocupados com os doentes da guerra. Ele veio uma vez e me deu um remédio. A Sukey fica lá.
J: *A Sukey fica lá com você?*
A: Todos os dias. Ela dorme ao lado da minha cama. Eu fico com febre. Fico com frio.
J: *Você tem notícias do Gerald?*
A: Recebi uma carta no mês passado. As cartas não chegam com frequência.
J: *Onde estava o Gerald? Ele disse alguma coisa?*
A: Ele estava lutando. A carta veio do norte. Ele a entregou a alguém que estava voltando para casa. Eles a trouxeram para mim.
J: *Ele está lutando no norte?*
A: No front ... Maryland, é lá.
J: *Isso é muito longe.*
A: Eu gostaria que ele voltasse para casa.
J: *Como estão sua mãe e seu pai?*
A: Meu pai morreu.
J: *Oh? Do que seu pai morreu?*
A: Não sei. Ele ficou doente por uma semana... e depois morreu.
J: *Como está sua mãe?*

A: Ela está muito fraca e está sofrendo muito.

Mudando-a para 10 de agosto, Johnny perguntou o que ela estava fazendo.

A: Flutuando e olhando.
J: *O que você está vendo?*
A: Estou vendo meu pai.
J: *Onde você está?*
A: Perto da minha casa, perto do nosso cemitério. Ele disse que mamãe estaria conosco muito em breve. Muito em breve, ele disse.
J: *E você vai esperar sua mãe lá?*
A: Eu quero... mas quero ver o Gerald. Meu pai disse para esperar, para esperar. E papai, eu não quero.
J: *Você sabe como sua mãe vai morrer?*
A: Ela também está com febre agora.

Isso não parecia ser pneumonia. Parecia mais com algo contagioso. Descobri que é um fato registrado que o Sul sofreu uma epidemia de febre amarela mais ou menos nessa época. Uma pergunta que me incomodou foi: por que Sukey também não ficou doente, se era algo contagioso? Ela certamente ficou exposta enquanto cuidava de Jane e, possivelmente, dos outros membros da família. Quando eu pesquisei os sintomas da febre amarela, descobri que a doença teria se originado na África, e que os negros têm uma certa imunidade natural. Eles não contraem a doença de forma tão grave quanto os brancos.

A sessão continuou:

J: *Bem, Jane, vamos nos mover para o ano de 1878. O que você está fazendo?*
A: Apenas me movimentando. ... é lindo! Nunca está quente ou frio. Apenas confortável.
J: *Para onde você está se mudando?*
A: Bem, estive em Nova Orleans para conhecer o bairro francês. Nunca o vi, mas queria ver.
J: *Conte-me o que você vê quando viaja.*

A: Nossa casa não existe mais. Os Yankees a queimaram. Eles a queimaram.
J: *Por que eles a queimaram?*
A: Não sei.
J: *Era uma casa bonita.*
A: Uma casa bonita, mas eles a queimaram. Parece que houve uma briga e ela foi queimada.
J: *A guerra ainda está acontecendo?*
A: Não, já acabou.
J: *Você chegou a encontrar o Gerald?*
A: Falei com ele uma vez. Seu espírito. Falei com ele.
J: *Ele morreu na guerra?*
A: Ele nunca mais voltou.
J: *Sobre o que vocês conversaram?*
A: Falamos sobre quando nos casamos, sobre o pouco tempo que passamos juntos. Dois dias. Ele me disse que ficaria por perto e que um dia nos veríamos novamente.
J: *O que você vai fazer agora?*
A: Estou esperando que me digam o que fazer.
J: *Quem vai lhe dizer?*
A: Essa voz me diz. Quando não tenho nada para fazer, posso simplesmente flutuar e ... às vezes tenho de fazer coisas.
J: *Como o quê?*
A: Às vezes, tento ajudar as pessoas. Às vezes, elas ouvem, mas na maioria das vezes, não. (Pausa) Fui ver Sukey.
J: *A Sukey ainda está viva?*
A: Quando a vi, ela estava.
J: *Onde ela estava morando?*
A: Ela ficou perto dos alojamentos nos fundos da casa. Embora eles tenham dito que estavam livres, ela ficou e cultivou algumas coisas para comer. Quando eu falava com ela, ela não me ouvia. E eu deixei que ela me visse... e isso a assustou. Isso a assustou tanto que ela se afastou. Eu não queria assustá-la. Eu queria agradecê-la. Sei que ela tentou ajudar.
J: *Como você permitiu que Sukey a visse?*
A: Eu simplesmente ... consigo fazer isso. Se isso ajudar, posso deixar que eles me vejam. Mas a maioria das pessoas tem medo. Às vezes, quando elas veem, elas fingem que não... ou dizem que foi

um sonho. Elas não querem pensar que viram. Não sei por que todo mundo tem medo de morrer.
J: É... eles não deveriam ter medo de morrer?
A: Não!
J: O que acontece quando você morre?
A: Bem, no começo você sente muito, muito frio... e em pouco tempo, você já não está mais lá. E você pode olhar ao redor e ver as pessoas à sua volta. As pessoas que o amavam e que já morreram. Elas vêm ao seu encontro para que você não tenha medo.
J: E... você já viu o Céu?
A: Não, ainda não estive lá.
J: Alguma das pessoas que vieram ao seu encontro lhe contou alguma coisa sobre ele?
A: Elas me disseram que é lindo.
J: Alguma delas já esteve lá?
A: Acho que uma garota já, porque ela ficou me falando sobre isso. Mas ela disse que, antes de ir, você tem de aprender muitas coisas.
J: Você quer dizer coisas boas, ou boas ações ou...
A: Você precisa aprender a ser bom. Não é certo ser bom apenas porque você tem medo de ser ruim. Você tem de ser bom porque você quer ser. (Pense nisso por um momento.) E você faz coisas boas para as pessoas. Você ajuda as pessoas.
J: A garota lhe disse como era o Céu?
A: Cores brilhantes. E tudo é lindo.
J: Eles tem algum prédio?
A: Bem, veja bem, é tudo espírito. E tudo o que você quiser está lá. Se você quiser ficar perto da água, haverá água lá. E se você quiser estar em uma floresta, ela estará onde você quiser estar.
J: Isso é no céu?
A: Foi o que ela disse.
J: Mas agora, quando você é um espírito e quer, digamos, ver Nova York, você se move e vai para Nova York para vê-la?
A: Você simplesmente vai à deriva. Não leva muito tempo. Apenas alguns minutos e já estou lá.
J: Bem, você vai continuar à deriva e me contar coisas que vê ou sentir enquanto estiver à deriva.
A: Bem, vou voltar novamente. Para nascer de novo. Eu conversei com meu pai sobre isso.
J: Ele sabia que você seria chamado de volta?

A: Ele me disse que eu seria chamada em breve. Todo mundo é, muitas vezes. Ele me disse para tentar aprender tudo o que eu pudesse. Ele disse para eu esperar que fosse diferente, porque será diferente a cada vez. E dessa forma, aprendemos tudo sobre a vida. Temos de ser tudo. Temos de saber tudo.

J: *E seu pai lhe disse que você nasceria de novo muito em breve?*

A: Muito em breve. Eu lhe contei quando ouvi isso e ele disse que já sabia porque ele me observa. Ele disse que um dia nos veremos novamente, talvez na Terra, talvez não. Mas não se preocupe, apenas aprenda. Ele me disse que não demoraria muito... Eu vou ser uma garotinha. ... E eu estava com medo.

J: *Por que você estava com medo?*

A: Para nascer de novo. O país está todo destruído. (Pausa) Quando esse bebê nascer, eu vou ser ela.

J: *Você está olhando para o bebê que vai nascer?*

A: Sim. Esse bebê está em sua mãe. Ele vai nascer muito em breve.

J: *E quando você entra... quando se torna o bebê? Você não está nele agora?*

A: Ainda não estou nele. Continuo me segurando. E a voz me diz para ir agora! E eu pergunto: não pode esperar? Mas na primeira respiração, eu tenho de ser o bebê.

J: *Quando o bebê respira pela primeira vez?*

A: E eu pergunto a ele se não posso mais procurar. Ainda posso procurar por Gerald? E ele me disse que, quando eu me tornar o bebê, não me lembrarei do resto. Serei apenas esse bebê. Quando eu me tornar um espírito novamente, procurarei Gerald novamente.

J: *Há algum espírito maligno por perto?*

A: Não estou vendo nenhum. ... Às vezes ficamos bravos.

J: *Mas vocês não tentam machucar ninguém?*

A: Ah, não, ficamos bravos quando eles riem.

J: *Quando quem ri?*

A: As pessoas. Elas não acreditam... e nós tentamos lhes contar e avisar. Elas não ouvem.

J: *Mas elas não podem ouvi-la, podem?*

A: Não, mas nos esforçamos muito.

J: *Existe alguma maneira de fazer com que as pessoas a ouçam?*

A: Se elas ouvissem; se elas pensassem e ouvissem. Se concentrassem muito, muito em nós. Se elas nos amassem e nós as amássemos, elas poderiam nos ouvir.
J: E você já ouviu alguma coisa sobre o inferno?
A: É por isso que não quero nascer de novo. Porque é lá que é onde ele está.
J: Você quer dizer que nascer é o inferno?
A: Estar na Terra é o Inferno.
J: Quem lhe disse isso?
A: Os espíritos com quem conversei. Porque você continua fazendo coisas, e você se machuca e machuca outras pessoas. Você faz coisas maldosas quando é humano, e os espíritos não fazem isso. É assim que você tem de aprender. Você se machuca... e aprende.
J: Esse bebê que você vai ser: ele está dentro da mãe agora?
A: Não, ela... ela está nascendo. Estou indo para ela.
J: O bebê já respirou pela primeira vez?
A: Sim.

A essa altura, Anita ficou mais abatida e, de certa forma, sem reação.

J: Onde o bebê está nascendo?
A: Nesta casa. ... Não consigo me lembrar. ... Não consigo pensar... não consigo pensar (Ela estava demorando mais para responder).
J: Você não sabe em que cidade fica a casa?
A: (Bem devagar) Eu... não... sei.
J: Você sabe que nome o bebê recebeu?
A: Não ... sei.
J: Eles ainda não deram um nome para o bebê?
A: Não.

Era óbvio que Anita não estava respondendo porque ela era o bebê. Então ela foi levada para a idade de cinco anos nessa vida, e ela era Carol na fazenda e estava falando normalmente de novo.

Ao acordar, Anita relatou um incidente estranho que havia acontecido em sua vida atual. Ela nunca conseguiu explicá-lo em termos convencionais, e agora ela se perguntava se poderia ter sido relacionado à sua vida como Jane.

Como dissemos, ela é uma mulher da Marinha, casada com um homem de carreira na Marinha. Nos primeiros dias de seu casamento, ele recebeu suas primeiras ordens. Eles seriam transferidos para a Flórida, e foi decidido que ela esperaria na casa dos pais, em Missouri, enquanto ele seguia em frente e encontrava um lugar para morar. Depois, ela seguiria sozinha. Essa seria a primeira separação deles. Eles estavam na casa dos pais dela e ele deveria partir pela manhã. Anita disse que não conseguiu dormir naquela noite. Ela ficou muito perturbada e andou no chão a noite toda. Ficou pensando: "Se ele for embora, nunca mais o verei. Se ele for embora, ele nunca mais voltará". Depois, ela se repreendia pensando, "Que bobagem; o que poderia acontecer? Não estamos em tempo de guerra! Ele está apenas indo para a Flórida". Ela ficou infeliz a noite toda porque não fazia nenhum sentido. Pela manhã, ela já havia se decidido. Ela iria com ele, em vez de ficar para trás.

Esse incidente sempre a intrigou, até que ela viu o paralelo com Jane e Gerald e a Guerra Civil.

Assim, levamos Anita por duas vidas distintas, duas mortes e dois nascimentos, cada um deles diferente. O que mais poderia haver nas profundezas insondáveis de sua mente subconsciente? Mal podíamos esperar pela próxima sessão!

Enquanto eu vasculhava as bibliotecas tentando encontrar informações sobre Memphis durante a Guerra Civil e esperando que o nome de Gerald pudesse ser encontrado em algum lugar, encontrei um livro muito informativo intitulado "The Military Annals of Tennessee", de John Berrien Lindsley. Ele foi publicado em 1886, apenas 20 anos após o fim da guerra e contém uma grande quantidade de informações, além de páginas e páginas de nomes e algumas fotos dos mortos na guerra. Eles foram organizados de acordo com seus regimentos. De acordo com o autor, esse é o registro mais completo dos homens do Tennessee que lutaram pela Confederação.

Citarei alguns fatos do livro sobre Memphis no início da guerra. "Em abril de 1861, os voluntários foram organizados em antecipação da secessão. Isso foi mais ou menos na época dos disparos contra Fort Sumter (12-13 de abril de 1861), que deu início oficial à guerra. Muitos outros estados já haviam se separado antes disso, mas o Tennessee havia votado para não se juntar a eles. Então, em 8 de junho de 1861, o Tennessee também se separou. Em 11 de junho, o governador emitiu sua primeira ordem, notificando os comandantes da milícia para que mantivessem suas tropas em prontidão e iniciassem o treinamento. No dia 13 de junho, o General Pillow havia estabelecido seu quartel-general em Memphis, e Memphis tornou-se um grande centro militar. Em 13 de julho, o major-general Polk tornou-se comandante do Departamento 1 (em Memphis). Em poucas semanas, as tropas estavam sendo convocadas para o serviço, organizadas em regimentos e sendo enviadas para acampamentos perto da cidade e para o Fort Pillow".

Surpreendentemente, isso nos leva à primeira parte de agosto de 1861, que se encaixa perfeitamente no que Jane relatou. De acordo com o livro, todo o verão foi ocupado com a formação de regimentos e o envio dos homens para a guerra. Muitos regimentos eram compostos por homens de uma determinada área. Havia vários de Memphis. Em especial, o Quinto Confederado era composto quase inteiramente de irlandeses de Memphis. A 154ª Infantaria do Tennessee e a 15ª Cavalaria do Tennessee também eram de Memphis. Muitos dos regimentos tiveram uma perda extremamente grande de vidas. Alguns começaram com cerca de 1.100 homens e terminaram a guerra com apenas 100. Embora muitos nomes sejam citados no livro, há anotações que mostram sua incompletude.

Os registros foram perdidos durante a guerra, e alguns foram erroneamente destruídos. Em alguns casos, o único registro era o diário de alguém. A grande parte do livro e das listas foi feita de memória e várias observações mostram que muito está faltando devido a erro humano. Muitas vezes, foi feita a declaração de que tantas pessoas foram mortas que era impossível fornecer todos os nomes. E esse livro foi escrito apenas 20 anos após a guerra.

Portanto, fiquei desapontada por não encontrar nenhuma menção a Gerald Allby, mas, dadas as circunstâncias, teria sido um milagre se tivéssemos encontrado algo. Ainda assim, a precisão do conhecimento de Anita sobre a história desse período e a de June/Carol é absolutamente incrível.

A ideia de tentar obter amostras de caligrafia de Anita enquanto ela estava em transe profundo foi puramente espontânea. O pensamento ocorreu a Johnny quando a pequena Carolyn estava praticando escrever seu nome na terra. Em um impulso, ele pegou um lápis e papel. Em seguida, pediu que ela imprimisse seu nome para nós, sem saber se ela conseguiria fazer isso. Ela teve muita dificuldade para abrir os olhos e nós dois ficamos surpresos quando ela meticulosamente produziu os rabiscos infantis.

Mais tarde, quando Jane estava falando sobre frequentar a escola em St. Louis, pareceu natural pedir a ela novamente que escrevesse seu nome para nós. Como ela estava usando um lápis, a assinatura resultante era leve, sem muita pressão sobre o papel. Se soubéssemos na época que um dia escreveríamos um livro sobre nosso experimento, teríamos nos preparado e tido uma caneta à mão. Você sempre tem uma visão retrospectiva perfeita quando está fazendo regressões. Mas, como eu disse antes, durante uma regressão você nunca sabe para qual período histórico ou para qual país o sujeito irá. Não havíamos pensado em obter a caligrafia, principalmente porque, no passado, poucas mulheres sabiam escrever. Elas não eram consideradas dignas de educação. Sem nada para nos guiar, tivemos que sentir nosso caminho durante todo o experimento, e assim agimos espontaneamente muitas vezes.

Quando o conceito de escrever este livro parecia se tornar realidade, brinquei com a ideia de incluir as amostras de caligrafia. Mas achei que elas eram tão leves (especialmente a de Jane), que nunca poderiam ser reproduzidas. Mas eu subestimei as novas técnicas das máquinas de cópia.

Quando comparamos as duas amostras (a assinatura de Jane e a caligrafia normal de Anita), elas pareciam muito diferentes para nós, mas somos apenas leigos. Fiquei imaginando o que aconteceria se um analista de caligrafia profissional as visse. Essas pessoas são muito hábeis em avaliar a personalidade, às vezes de forma surpreendente. Os analistas de caligrafia são reconhecidos e utilizados como os especialistas que são. Trata-se de uma ciência exata que exige anos de estudo e, portanto, é altamente respeitada.

Sempre houve a chance de um profissional dizer que as amostras foram escritas pela mesma pessoa tentando disfarçar sua caligrafia. De fato, isso era verdade; elas foram e também não foram escritas pela mesma pessoa. Dependia de como você as enxergava. Era uma situação complexa, e não creio que um hipnotizador tenha enfrentado antes. Não me lembro de um caso em que a caligrafia foi obtida de um sujeito regredido e posteriormente analisada por um especialista objetivo. Essa era uma ideia intrigante e pensamos que seria interessante arriscar.

Mas onde eu encontraria um analista? Eu não queria que alguém estivesse apenas brincando com a caligrafia, assim como um hobby. Para nossa história ter credibilidade, então a análise teria de ser feita por um especialista. Talvez em uma cidade grande não pareça ser um grande problema encontrar um. Mas na área rural em que vivemos agora, seria a mesma coisa que você encontrar um especialista em ciência nuclear. Portanto, a ideia permaneceu adormecida até a conclusão deste livro em 1980.

Então, por acaso, ouvi falar de uma mulher em Little Rock, Arkansas, que fazia análise de caligrafia. Ao verificar, descobri que ela era de fato uma especialista. Ela se chama Sue Gleason e é formada pela International Graphoanalysis Society. Decidi entrar em contato com ela. Descobri que ela geralmente trabalhava com algumas páginas das escritas do sujeito. Será que ela conseguiria obter algo de nossas pequenas amostras? Tudo o que tínhamos eram as assinaturas e nenhuma esperança de obter mais nada. Isso seria suficiente?

Enviei a ela as três amostras e pedi que comparasse a escrita e ver o que ela poderia me dizer sobre as pessoas que as escreveram. Não disse a ela nada sobre a fonte ou o método pelo qual foram obtidas. Como não conhecia a mulher, fiquei com medo de ela pensar que éramos loucos. Também achei que seria melhor se ela pudesse me dar suas primeiras impressões, de forma imparcial.

Isso é o que ela encontrou:

Carolyn Lambert - A impressão é o tipo de texto mais difícil de analisar. A falta de forma e continuidade das letras e a maneira como são produzidas mostram uma falta de maturidade na personalidade. Isso levaria a supor que foi escrito por uma pessoa mais jovem. Embora muitos adultos também usam letra de forma, essa amostra sugere uma personalidade menos madura. É difícil de analisar porque o caráter não é formado até que o indivíduo esteja mais velho.

Assim, parece que ela não poderia nos dizer muito sobre Carolyn, mas é significativo que ela não tenha achado que a amostra era de um adulto. Carolyn era de fato uma pessoa mais jovem, com apenas a idade regredida de nove anos.

Mistress Jane Rockford - Esse é um estilo de escrita antiquado, especialmente o uso da palavra "Senhora". Há muita extravagância. A estrutura das letras e os floreios são uma clara volta ao passado. Trata-se de uma pessoa artística, mas vistosa. Há muito ego, talvez não egoísta, mas definitivamente egocêntrica, uma pessoa introvertida. Uma pessoa adequada e egocêntrica. É alguém com muitas lembranças do passado, apegada à tradição e ao passado. Ela provavelmente foi criada de forma muito rígida e improvavelmente se rebele de seu lugar na sociedade. As letras maiúsculas em um nome dizem quem você é, e suas letras maiúsculas são maiores do que o corpo da assinatura, especialmente no sobrenome. Isso indica que ela está muito ciente de "quem ela é". O nome da família e seu lugar na tradição familiar são muito importantes para ela. Seu status pessoal e público é fortemente enfatizado. Seus sentimentos pessoais são secundários em relação à sua imagem pública. Há uma tendência de retratar uma autoimagem definitivamente forte.

    A tradição é muito importante em sua vida, tanto que ofusca qualquer sentimento pessoal. Por isso, ela não permite que as pessoas vejam seu lado real.

A Sra. Gleason enfatizou tanto a posição familiar de Jane que isso a fez parecer um pouco esnobe!

A caligrafia atual de Anita foi obtida do envelope de uma carta escrita para mim. Devido ao seu desejo de anonimato, essa amostra não aparecerá neste livro. Esta é uma pessoa muito simpática. Extrovertida e sensível aos sentimentos das outras pessoas. Ela se preocupa com os outros. Ela é expansiva, fala com facilidade, é extrovertida. Ela tem uma mente aberta e um desejo de conhecer e entender os aspectos mais profundos da vida. Ela tem um ótimo senso de humor, vendo o lado leve da vida.

Mais tarde, quando contei à Sue Gleason sobre a origem das assinaturas e o método pelo qual elas foram obtidas, fiquei muito aliviada por ela não ter achado que éramos loucos. É incrível como sua análise era muito parecida com o que já sabíamos sobre Jane, criada por uma família muito correta no "Velho Sul". Quando contei a Sue sobre Jane e sua educação em uma escola de ensino médio, ela disse que isso explicaria parte do fato. Os alunos que frequentavam esse tipo de escola geralmente vinham de famílias ricas, e as escolas ensinavam os alunos a projetar uma auto imagem muito positiva. Grande ênfase era dada à auto apresentação. Isso naturalmente refletia na caligrafia. Os alunos também foram ensinados a escrever com muito cuidado e exatidão, com ênfase nas letras maiúsculas. Como Jane disse: "Pratique e pratique para escrever com clareza". A Sra. Gleason disse que há muitas pessoas hoje em dia que escrevem nesse estilo, especialmente algumas da geração mais velha. Essas pessoas têm um apego definitivo ao passado e à tradição, o que é demonstrado na escrita de Jane.

A Sra. Gleason ficou surpresa quando lhe disseram que todas as amostras tinham sido escritas pela mesma pessoa. Ela disse que não teria como suspeitar disso. Se lhe perguntassem se a mesma pessoa poderia ter escrito todas as três, ela responderia que isso era altamente improvável. Os textos de Jane e Anita eram, em sua opinião, a escrita de duas pessoas diferentes, duas pessoas distintas. De fato, as personalidades eram tão diferentes que chegavam a ser opostas. Uma era introvertida e o outra, extrovertida! Essas personalidades sempre foram reais para nós, mas agora tínhamos algo para torná-las ainda mais concretas. Sob hipnose, não apenas a personalidade de Anita, sua voz, expressões e maneirismos mudaram, mas também sua caligrafia se tornou a de outra pessoa totalmente diferente!

É realmente notável que um especialista imparcial tenha conseguido encaixar tão bem as personalidades como as víamos. Acho que é muito provável que isso tenha acontecido por mero acaso.

Capítulo 7
Sarah em Boston

Quando a terceira personalidade veio à tona, havíamos caído em uma espécie de padrão. Começamos a aceitar o incomum como comum, se é que isso é possível. Achávamos que sabíamos o que esperar quando ela passava por várias fases de suas vidas como Jane e June/Carol; e depois passou para os períodos entre as vidas, o fascinante plano espiritual. Mas ela ainda tinha algumas surpresas para nos apresentar.

Começamos a nos sentir como se estivéssemos fazendo uma viagem em uma máquina do tempo. Era um método empolgante de aprender sobre a história. Justamente quando estávamos começando a nos sentir à vontade para conversar com pessoas do passado, a seguinte personagem apareceu e o que ela relatou foi impressionante!

Durante essa sessão, decidimos levá-la de volta a suas várias vidas, para ver quantas ela havia vivido e até onde ela iria no passado. Poderíamos explorá-las mais detalhadamente mais tarde. Acabamos obtendo mais do que esperávamos. Tudo começou de forma bastante inocente. Johnny a estava regredindo em saltos de 20 e 30 anos. Tínhamos acabado de passar por outro momento como espírito, que será contado mais tarde. Então, atingimos o objetivo principal quando ele parou no ano de 1770 e perguntou: "O que você está fazendo?"

A: Fazendo batedeira (Batendo). (Cantarolando) Manteiga, leitelho.
J: Você gosta de leitelho?
A: Sinceramente, não suporto. A família adora manteiga fresca, então eu faço para eles.
J: Qual é o seu nome?
A: Sarah ... Sarah Breadwell. (Fonético)
J: Quantos anos você tem, Sarah?
A: Cerca de 60 anos agora.
J: Você é casada?
A: Claro que sim! Desde que eu era menina. Desde que eu tinha 14 anos.

J: *Onde você está morando, Sarah?*
A: Estamos morando aqui em nossa própria casa. Nós mesmo a construímos.
J: *Aposto que foi um trabalho árduo.*
A: Eu me lembro de ter trabalhado muito duro nela. Ela tem seu próprio piso agora, sem sujeira. Muito mais agradável, era muito difícil quando as crianças eram pequenas, ter um chão de terra batida.
J: *Quantos filhos você tem?*
A: Bem, eu dei luz a dez, mas só criei dois.
J: *Vocês moram em uma cidade?*
A: Não, estamos aqui na fazenda. A cidade grande mais próxima fica perto de Boston. Não vou para lá.
J: *A que distância de Boston fica sua casa?*
A: Dois dias, senhor. Dois dias inteiros.
J: *E como você chama essa terra onde mora?*
A: Nova Inglaterra. Nova terra, as pessoas a chamam de maneiras diferentes. Algumas pessoas não gostam de chamá-la de Nova Inglaterra. Dizem que nós viemos para cá para sermos diferentes, não queremos ter nada a ver com a Inglaterra.
J: *Quando você veio para cá, Sarah?*
A: Eu vim para cá há alguns anos... mais do que alguns. Eu vim para cá quando eu era uma garotinha. Eu nasci na Inglaterra.
J: *Você veio para cá com sua mãe e seu pai?*
A: Sim, eu vim, uma longa travessia! Demorou quase cem dias.
J: *Qual era o nome do barco?*
A: Ah, deixe-me ver... faz muito tempo, e... muitas coisas para pensar. Era o barco do rei.
J: *Você teve algum problema na travessia?*
A: Não, apenas uma tempestade. O tempo estava revolto.
J: *Você ficou enjoada?*
A: Eu fui a única que não. Mamãe diz que Deus protege as crianças.
J: *Uh-huh. Agora vejamos, estamos no ano de 1770, e você está batendo leitelho.*
A: (Interrompendo) Não estou batendo para obter o leitelho, seu tolo. Estou batendo para obter manteiga!
J: *(Pensando em quando começou a Revolução Americana). Ok, Sarah, vou contar até três e será o ano de 1777. Vamos em frente. Um, dois, três... é 1777. O que você está fazendo hoje, Sarah?*

A: Estou balançando e costurando, costurando e balançando. Consertando meias.
J: Que tipo de dia está fazendo?
A: Um lindo dia de sol... outono fresco.
J: E o que está acontecendo no país?
A: Oh, há brigas e histórias voando. Primeiro um lado, depois o outro está à frente. É difícil dizer.
J: Quem está lutando?
A: Estamos lutando contra a Inglaterra, e ainda vamos nos livrar deles. Nós não seremos a Nova Inglaterra!
J: O que vocês vão ser?
A: Vamos ser livres! Criaremos nossas próprias leis, regras e governo! É assim que as pessoas devem viver, viver livres. Parece que são as leis da natureza – viver livremente!
J: E seu marido está lutando?
A: Ha-ha, não; ele tem quase a minha idade e é mais velho. Ele não está aqui agora. Ele é médico e faz o que pode para ajudar. Tenho notícias dele com bastante frequência.
J: Ele é médico?
A: Ele é médico.
J: Por que vocês moram lá na fazenda se ele é médico?
A: Não gostamos de viver na cidade. Gostamos daqui. Há uma pequena comunidade ao redor, e onde quer que haja pessoas doentes, é preciso um médico. Ele trabalha na fazenda e vivemos felizes.
J: Isso é bom. Agora vou contar até três e será o ano de 1740. (Ele decidiu regredir no tempo.) O que você está fazendo hoje, Sarah?
A: Apenas limpando e fazendo meu trabalho e ... sendo uma dama adequada, pode-se dizer.
J: Que tipo de dia é hoje?
A: É inverno; está frio.
J: Você está com a lareira acesa para manter a casa aquecida?
A: Sim. A família está em casa. Está agradável.
J: Qual é o tamanho de sua casa?
A: Bem, tenho seis cômodos. É uma casa de bom tamanho.
J: (Verificando o que ela disse antes.) Você e seu marido construíram tudo sozinhos?

A: Um de cada vez. Começamos com um cômodo, fomos acrescentando cada vez mais. Leva muito tempo para conseguir alguma coisa. É um trabalho árduo.
J: *É lento, mas quando você consegue, fica.*
A: É nosso.
J: *É todo seu. (Novamente, Johnny verificou as declarações anteriores.) O que seu marido faz, Sarah?*
A: Ele é médico, fazendeiro e ele diz: "pau para toda obra". Ele se mudou para cá para se afastar da vida na cidade. Eu estava morando em uma fazenda com meus pais.
J: *Eles tinham uma fazenda perto de onde você está morando agora?*
A: Bem perto. Éramos vizinhos. Claro, eles já se foram.
J: *E este é o ano de 1740. Em que mês estamos?*
A: Estamos em dezembro.
J: *Que tipo de fogueira você tem para manter a casa aquecida?*
A: Tenho toras de madeira no fogo.
J: *Elas estão na lareira?*
A: (Irritada) Claro!
J: *Bem, pensei que você tivesse um daqueles fogões.*
A: Não, temos três lareiras em nossa casa.
J: *Elas mantêm a casa bem aquecida?*
A: Sim, temos uma pequena corrente de ar, mas você deve esperar coisas assim. Os fogões são bons, e talvez tenhamos um algum dia. Primeiro vem a construção.
J: *Quantos anos você tem agora, Sarah?*
A: Vinte e nove.
J: *(Verificando novamente) Há quanto tempo você está casada?*
A: Desde que eu tinha 14 anos.
J: *Quantos filhos você tem?*
A: Tenho um agora. Um menino. Ele tem 12 anos. Vou ter outro muito em breve.
J: *Ele está indo para a escola?*
A: Eu insisto na escola. Quero que ele seja inteligente como o papai.
J: *Qual é o primeiro nome de seu marido?*
A: Bruce.
J: *Como você disse que era seu sobrenome?*
A: Breadwell. Ele também é inglês, mas nasceu aqui.
J: *Então os pais dele vieram para cá antes dos seus?*
A: (Sarcasticamente) Devem ter vindo.

Nesse ponto, Johnny levou Sarah até 1720.

J: O que está fazendo agora?
A: Escrevendo. Praticando minha escrita. É muito difícil para aprender.
J: É preciso muita prática.
A: Nunca consigo acertar no bordado.
J: (Pausa) Que tipo de dia está fazendo lá fora?
A: Deixe-me ir até a janela e ver. ... A neblina está chegando agora.
J: Onde você está morando?
A: Com minha mãe e meu pai. Minha mãe está aqui em casa comigo. Ela está na cozinha, preparando o jantar.
J: E qual é o nome da cidade em que você está morando?
A: Chama-se Bostonia. Ela tinha outro nome quando chegamos aqui e eles mudaram o nome. Antes se chamava Crossing on Post Road (Travessia na Post Road). E logo eles mudarão novamente, disse papai. Papai, papai, ele está no campo.
J: Sua casa fica na cidade ou é longe da cidade?
A: Moro perto da cidade, tenho terras ao nosso redor e um pouco mais longe. Não moro em toda a terra.
J: Você tem de viajar para chegar a algumas de suas outras terras?
A: Ele anda a cavalo.
J: Quantos anos você tem, Sarah?
A: Dez.

Observação: Isso confere com as referências anteriores à idade dela nos outros anos. A propósito, a voz e a dicção de Sarah corresponderam a cada idade com naturalidade surpreendente.

J: Dez anos de idade! Você está ficando uma menina grande!
A: Sou pequena para minha idade. Por que você diz "grande"?
J: Bem, dez anos de idade, e você já está aprendendo a escrever...
A: (Rindo) Todo mundo pode escrever!
J: Ah, mas é preciso muita prática.
A: Isso é verdade, isso é verdade.
J: Há algum índio por aqui?
A: Alguns, alguns. Eles ficam na floresta. Se não os incomodarmos, eles não nos incomodarão, disse meu pai.

J: Então vóce nunca conversou com um deles ou tentou fazer amizade?
A: Eu os vi. Não sei falar a língua deles. Parece ...(Ela fez sons de grunhidos.) Não consigo pronunciar nada do que eles dizem. Às vezes, eles falam a linguagem de sinais. Se eles vêm até a porta, minha mãe lhes dá comida. A única coisa que já ouvi eles dizerem em uma língua que conheço foi: "Boa mulher... senhora gentil". Eles chamam minha mãe de bons nomes. Mamãe diz que o motivo é porque ela ajudou um deles que estava doente. Ele chegou e nós não tínhamos remédio. Mas ela lhe deu chá de salsaparrilha. Isso ajudou a febre. Eles voltaram e trouxeram peles, que colocaram à nossa porta, para a "Boa Mulher".
J: Isso foi muito legal da parte deles.
A: Meu pai diz para sermos sempre amigáveis e não mostrarmos medo. Eles odeiam medo.
J: Você já viu onde os índios vivem?
A: Oh, não! Eles vivem na floresta. Eu ficaria com medo. Eu nunca iria para tão longe de casa. Eles são conhecidos por levar crianças. Já fizeram isso; já ouvimos falar. Meu pai diz, somos amigos deles enquanto eles quiserem ser amigos, mas sempre é preciso ficar de olho. Eles podem mudar.
J: Entendo. Há quanto tempo vocês estão morando aqui?
A: Estamos aqui há dois anos. O tempo passa tão rápido! Sempre as coisas mudam. Agora a mamãe nunca chora para voltar para casa. As coisas que trouxemos são nossas, nós as manteremos. Faremos nossa casa aqui. Não voltaremos para lá.
J: Por que algumas das pessoas estão falando em voltar?
A: Alguns gostariam. Somos pessoas orgulhosas, vamos ficar. Se os tempos estiverem difíceis, aperte o cinto e trabalhe mais, diz papai.
J: Bem, isso parece bom. Vou contar até três, Sarah, e será o ano de 1707.... O que está fazendo?
A: Nada.
J: Nada? Onde você está?
A: Não tenho certeza.
J: O que você consegue ver?
A: Vejo coisas estranhas... coisas novas acontecendo... algo que a mente nunca conheceu antes... Essas coisas aconteceriam.
J: Que coisas?

A: Um novo país para ser vivido, para fazer crescer! Novas ideias ... as pessoas mudarão e não terão medo do que não conhecem. Coisas que você não suporta, você vai deixar.

Ela era obviamente um espírito, mas isso parecia vago e confuso. Ela estava observando os primeiros colonos chegando ao novo país, à América? Johnny rapidamente a levou para o ano de 1715, quando ela deveria estar viva e ter cinco anos de idade, como Sarah.

J: Estamos em 1715. O que você está fazendo?
A: Observando coisas.
J: O que você está observando?
A: Famílias. Famílias se preparando.
J: Quantos anos você tem?
A: Não tenho uma idade. Vou fazer uma coisa estranha!
J: O que você vai fazer?
A: Vou entrar em um corpo que vive agora.
J: (Espantado) Você vai ... O QUE?
A: Entrar em um corpo que vive agora. O espírito está doente e precisa descansar, mas a criança precisa viver.

Anita tinha uma voz completamente diferente, serena e um jeito tranquilo.

Johnny ficou sem palavras por um momento. Então ele perguntou: "Quantos anos tem essa criança?

A: É muito jovem... Estou observando... Eu posso vê-los... Eu serei uma menina agora. Serei uma garotinha.
J: Alguém lhe disse para fazer isso?
A: Sempre, seguimos o que sentimos. A voz nos diz.
J: Você ouve essa voz ou apenas a sente?
A: Os espíritos não têm ouvidos. Ouvimos pelo sentimento. Vemos pelo sentimento.

Johnny estava tentando concordar com esse estranho desenvolvimento.

J: *E a criança... a criança está doente quando você assume o controle?*
A: O corpo está doente. Mas o mais importante é que o espírito... o espírito precisa descansar agora.
J: *Ah. Esse espírito deixa o corpo e você entra?*
A: O espírito sairá e eu entrarei, e... a criança ficará melhor imediatamente. Quando a febre baixar... eles não perceberão nenhuma mudança... pois eu serei a criança. Ficarei quieta e aprenderei como é a criança. Ninguém perceberá uma grande mudança. Somente depois da febre, que ela ficou quieta por um tempo, como se estivesse descansando.
J: *E dessa forma, o outro espírito agora pode ter a chance de descansar?*
A: Ele precisa voltar a descansar. Ele ainda não estava pronto quando foi chamado. Ocasionalmente, isso acontece e pode ser corrigido com muita facilidade.
J: *Sim. E qual é o nome da menina?*
A: O nome da menina é Sarah.
J: *Sarah. E quantos anos ela tem?*
A: Acredito que tenha de cinco a dez anos. É difícil dizer até eu chegar mais perto. Logo estarei lá.

Nesse ponto, Johnny decidiu avançar três anos na esperança de obter uma imagem mais clara dessa situação estranha.

J: *Estamos agora no ano de 1718. O que você está fazendo?*
A: Ajudando minha mãe.
J: *Que tipo de dia é hoje?*
A: É um dia de sol.
J: *Bonito e ensolarado. Qual é o seu nome?*
A: Meu nome é Sarah.
J: *Quantos anos você tem, Sarah?*
A: Tenho sete anos. Logo farei oito.
J: *Onde você está morando?*
A: Eu... Não estou morando com minha família de verdade agora. Vou ficar aqui até irmos embora. Com essas pessoas. Eles também vão embora. Isso é confuso.
J: *Você vai ficar com... quem... alguns amigos?*
A: Sim, vamos embora juntos... para nos mudarmos para o campo.

J: Ah, então você está morando na cidade agora?
A: Em uma cidade.
J: E vocês vão se mudar para a fazenda?
A: Provavelmente será uma fazenda.
J: E você já andou de barco?
A: Sim. Sim.
J: Como você chama esse lugar, você sabe?
A: Nova... Nova Inglaterra.
J: Ah, você acabou de chegar aqui, então?
A: Não faz muito tempo.
J: E você está hospedada na casa de amigos. Seus pais estão construindo uma casa para você morar?
A: Eles não me disseram... Tenho de me comportar. Eles voltarão logo para me buscar. Eles dizem que estou agitada. Não é bom eu sair de casa com muita frequência... até que eu esteja mais bem resolvida.
J. Você esteve doente?
A: Sim, há algum tempo, muito doente. Eu me recuperei bem. Agora estou saudável, então minha mente divaga. E eu lhes digo coisas que eles não acreditam.
J: O que você diz a eles que eles não acreditam?
A: Eu lhes digo coisas que estou vendo. Coisas que acontecerão no futuro. Mas eles dizem que eu não consigo ver essas coisas. Minha mãe diz, "Silêncio! É perigoso falar assim!"
J: Oh... bem, eu acredito nessas coisas. O que você viu que vai acontecer em breve?
A: Quando estávamos indo para a cidade, olhei e, de repente, era uma cidade de... um tamanho tremendo. Meus olhos não conseguiam captar o tamanho! A cidade estava ao nosso redor, e os prédios eram diferentes de agora. E pessoas vestidas de forma diferente nas ruas. As ruas eram pavimentadas, não de paralelepípedos. Eram lisas, lisas.
J: Você poderia dizer quando tudo isso aconteceria?
A: Só que seria em um futuro, bem distante, porque aconteceram muitas mudanças. E a cidade, como eu a via - Minha mãe esfregou minha testa e disse: "Pobre criança, ela nunca mais foi a mesma desde a febre". E ela chorou.
J: Mas você viu essa cidade realmente grande?
A: Enorme, tremenda.

J: *Muita gente? Como as pessoas estavam vestidas, Sarah?*
A: Talvez se eu não tivesse lhe contado isso, ela teria acreditado em mim. Ela não podia acreditar em mim.
J: *Diga-me!*
A: Você vai acreditar em mim?
J: *Eu acredito em você.*
A: Bem, os vestidos que as mulheres usam chegam acima do chão... perto até os joelhos, mas não exatamente, talvez no meio. E elas usam meias transparentes, meias que podem ser vistas através delas... e saltos altos para andar. Elas devem ser pessoas muito inteligentes para andar assim. Os homens usam chapéus estranhos e suas calças são mais apertadas, no entanto, vão até o chão e elas se ajustam perfeitamente.
J: *Você já viu outras coisas no futuro?*
A: Ah, já vi outras coisas, mas minha mãe me diz que nada coincide, e ela se preocupa comigo. Ela me diz que minha mente está agitada.
J: *Não, não acho que sua mente esteja agitada. Acho que você está vendo exatamenteo que está para acontecer.*
A: Você acredita que isso acontecerá dessa forma?
J: *Acredito que sim. E eu gostaria que você me contasse algumas das outras coisas que você viu.*
A: Bem, uma vez olhei para minha mãe e vi uma doença ao redor dela. Eu lhe contei e ela riu. Mas, dois dias depois, ela perdeu o bebê que carregava. Ela estava muito doente.
J: *Ela não acreditou em você depois disso?*
A: Não, não, ela disse que era apenas uma criança e não podia explicar o que eu disse. Talvez eu tivesse dito qualquer coisa. Muitas vezes, contei pequenas coisas que vi. Agora sei que não devo contar a eles as coisas grandes que vejo. Eles acharão que estou muito agitada.
J: *Que outras coisas grandes você viu?*
A: Eu olhei para o cais e disse a eles que os navios seriam feitos do material com o qual fabricamos os canos de nossas armas. Eles seriam navios muito grandes e atravessariam o oceano em poucos dias. Todos ao redor riram. "Pobre criança", disse minha mãe, "ela estava com febre, febre cerebral". Eu sou uma curiosidade para as mulheres.
J: *Acho que elas deveriam ouvir você.*

A: Eu poderia lhes dizer muitas coisas só de olhar para elas. Quando vejo uma pessoa, vejo o bem e o mal ao redor dela e, às vezes, posso dizer o que vai acontecer. Eu olho para elas e elas mudam, se parecem com o que eu acho que serão nos próximos anos. Certa vez, eu vi um homem, ele... ele desapareceu diante de meus olhos, e eu sabia que ele logo se tornaria um espírito.

J: E você diz que olha para as pessoas e consegue ver o bem e o mal ao redor delas. Qual é a aparência do mal?

A: O mal aparece como preto. É uma sombra. Às vezes, você vê uma pessoa e ela está parcialmente coberta, como se estivesse em uma nuvem, ou parcialmente em uma névoa. E você sabe que essa pessoa fez coisas ruins, ou que fará, ou que algo ruim acontecerá. Se você olhar para ela e pensar, você pode dizer o que é. Eu olho para ela com muita atenção e fecho os olhos, e posso dizer se algo ruim vai acontecer. Pode ter doença... até mesmo no passado. Às vezes, vejo se no passado eles fizeram coisas muito ruins.

J: E como é a aparência do bem?

A: Brilha, como se a pessoa estivesse sob a luz do sol. Uma aparência bonita.

J: Há cores diferentes?

A: Muitas cores. Tantas cores quanto o arco-íris e muito mais. Uma bela visão.

J: Você sabe se as diferentes cores têm significados diferentes?

A: Às vezes, eu as vejo com significados diferentes. Às vezes, posso dizer exatamente o que será. Outras vezes, fico em dúvida, curiosa. E posso observar e ver.

J: Bem, sua mãe e as outras senhoras deveriam ouvir o que você tem a dizer. Elas podem aprender alguma coisa.

A: Todas elas oram por mim. Elas rezam para que eu perca logo o feitiço em minha mente.

J: Certo, Sarah, e este é o ano de 1718?

A: Estamos no ano de 1718.

J: Vou contar até três e vamos voltar ao ano 1700.

Quando ela regrediu para esse ano, tornou-se um espírito novamente. Esses episódios serão relatados em um capítulo separado. Em uma sessão posterior, Johnny voltou a falar brevemente sobre a década de 1770. Essa técnica foi usada várias vezes, mais ou menos para verificar se havia inconsistências. Mas cada personalidade sempre aparecia de forma bastante distinta. Anita mudava instantaneamente de uma para outra como se não tivesse havido nenhuma interrupção, mesmo depois de várias semanas. O trecho a seguir é da década de 1770, quando lhe perguntaram: "O que você está fazendo?

A: Bem... Eu estava dormindo!
J: *Você acabou de acordar?*
A: Devo ter... Estou me sentindo estranha... acabei de acordar... Vai ser um belo dia.
J: *O sol já nasceu?*
A: Sim, o sol está ali. Está bonito... Eu gosto das manhãs.
J: *Que época do ano é essa?*
A: Estamos na primavera. Vai ser um dia bonito e claro. Eu sempre coloco minha cama a oeste para que eu possa olhar pela janela leste.
J: *Qual é o seu nome?*
A: Meu nome é Sarah.
J: *Qual é o seu sobrenome, Sarah?*
A: Breadwell. Sarah Breadwell.
J: *E quantos anos você tem, Sarah?*
A: Oh, estou chegando lá agora, chegando lá... doente.
J: *Você é casada, Sarah?*
A: Sim, casada.
J: *Onde está seu marido?*
A: Bem, ele não voltou ontem à noite. Saiu para trabalhar como médico.
J: *Alguém estava doente?*
A: Estava tendo um bebê. Estava passando mal. A parteira veio atrás dele. Acho que ele passou a noite. Ele não gosta de voltar no escuro. Seus olhos já não são mais como eram antes.
J: *E, é claro, o cavalo pode tropeçar e cair.*
A: Bem, isso é verdade. É claro que ele conhece as estradas muito bem, e o cavalo também já conhece.
J: *Há quanto tempo seu marido está fora?*
A: Ah, ele saiu ontem à noite por volta de... ah, pouco antes de escurecer. Sentado lá na varanda conversando, eles chegaram e perguntaram por ele. Ele sempre vai, raramente é pago em dinheiro vivo. Mas ele gosta de ajudar as pessoas. Às vezes, elas

lhe dão um pouco de milho ou o que quer que tenham.
Conhecemos a família dessa jovem e sei que ele sente pena dela.
J: O que você vai fazer hoje?
A: Acho que vou ficar sentada por um tempo hoje. Em breve poderei me levantar e me movimentar melhor. O quadril não pode nos manter deitados para sempre.
J: Você machucou o quadril?
A: Bem, eu caí daquela vez, sabe, lá no porão. Quebrei o quadril. Está se recuperando há muito tempo. Tenho que ficar deitada na cama. Como se estivesse enlouquecendo, ficando na cama por tanto tempo.
J: Sim, essa é a parte mais difícil de ficar doente, ficar deitado na cama.
A: Depois que parar de doer e machucar tanto, eu quero me levantar. Mas quando você se mexe, dói. Tenho medo de que ele fique rígido agora. Quero me levantar e começar a me movimentar mais, e não deixar que ele endureça em mim.
J: Claro. Você tem filhos, Sarah?
A: Tenho dois.
J: Onde eles estão?
A: Oh, eles saíram. Você sabe, eles são casados e não ficam aqui o tempo todo.
J: Eles moram muito longe?
A: Não, não muito.
J: Qual é o nome da cidade, Sarah?
A: Acho que a chamam de Bostonia. É assim que eles estão querendo chamá-la.
J: Como vocês a chamavam quando chegaram aqui?
A: Bem, quando chegamos aqui, não a chamávamos assim. No início, era apenas um cruzamento na Post Road. Eles passam por essa estrada de... Acho que dizem que ela vai até Nova York, onde vivem os holandeses.
J: Holandeses?
A: Sim, alemães, holandeses, que vivem lá em Nova York. E eles têm essa estrada, muito tráfego e tudo mais. Por que, às vezes, olho para a estrada e vejo até quatro ou cinco estranhos em um dia. As coisas estão crescendo. Eles vão levá-la até Filadélfia. Essa estrada começará na Filadélfia e seguirá por todo o caminho, passando por Nova York até aqui. Acho que estamos no final dela.

Nunca ouvi falar que ela fosse mais ao norte. Acho que só virá direto para cá.

Quando tentei verificar alguns desses fatos, mais uma vez me deparei com problemas. Escrevi para várias sociedades históricas de Boston e recebi essencialmente a mesma resposta de todas. Elas recebem muitas solicitações de informações; portanto, não podem responder por correio. Seus registros estão disponíveis para pesquisa apenas para genealogistas profissionais, que, é claro, precisam ser pagos. Uma sociedade mencionou que o termo "Bostonia" se aproximaria da ortografia latina da palavra "Boston" e que houve, durante anos, uma estrada principal que levava ao oeste, conhecida como Boston Post Road.

Alguns dados vieram de um lugar surpreendente: Um dos livros de história de nossos filhos. Citação de "History of Our United States" (Tradução Livre: História dos nossos Estados Unidos), Capítulo 12, "Resolvendo problemas de transporte". "As trilhas se tornam estradas. Nos primeiros tempos coloniais, a floresta parecia interminável. Uma pessoa que viajava por terra andava pelas trilhas dos índios. Gradativamente, os homens limparam algumas dessas trilhas ou abriram novas, largas o suficiente para que um homem pudesse viajar a cavalo. No final do período colonial, algumas dessas trilhas já eram largas o suficiente para um carrinho de boi ou carroça. Quando o viajante chegava a um córrego, precisava encontrar um lugar onde a água fosse rasa o suficiente para ser atravessada. Perto das cidades, às vezes, um empreendedor operava uma balsa. Perto das cidades, também, estradas eram construídas.

"Em 1760, a única estrada longa, pela qual diligências e carruagens particulares podiam viajar de colônia a colônia, era a que ligava Boston, Nova York e Filadélfia. No verão era possível ir de carruagem de Boston a Nova York em uma semana e chegar à Filadélfia três dias depois. Uma viagem no inverno levaria mais tempo.

"Se você quisesse viajar para o sul da Filadélfia em 1760, você pegaria um navio costeiro para Savannah ou Charleston. Se você fosse por terra, andaria a cavalo, pois em alguns pontos a 'estrada' costeira era intransitável".

Portanto, parece que as melhores informações podem vir das fontes mais improváveis.

A sessão continuou quando Johnny levou Sarah para o ano de 1790 e perguntou: "O que você vê?"

A: Família.

J: *O que você está fazendo?*

A: (Sua voz é um sussurro) Estou deitada na cama.

J: *Você está doente?*

A: Muito doente.

Parece que Sarah morreu aos 80 anos de idade, o que era bastante velho para aquela época. A estranha ocorrência de sua entrada nesta vida e a habilidade psíquica resultante aparentemente desapareceram depois de alguns anos; obviamente não foi incentivada. Nos últimos anos, sua vida parecia ser bastante normal.

Será que Sarah tinha essas habilidades psíquicas porque não teve um parto normal, mas entrou no corpo da criança recém-saída do mundo espiritual? Parece que um parto normal enfraquece e suprime a memória da vida passada e do mundo espiritual. Como a criança em desenvolvimento se concentra em aprender a operar o corpo, andar, falar, etc., as lembranças se apagam ainda mais e, na maioria dos casos, nunca retornam, exceto talvez sob hipnose. Este caso mostra uma exceção à regra. Parece que o mundo espiritual e nossa vida física são muito mais complicados do que podemos imaginar.

Foram vários anos depois (no final da década de 1970) que Ruth Montgomery inventou o termo "walk-in*" para descrever uma incidência como a que tivemos, em seu livro "Strangers Among Us" (Tradução Livre: Desconhecidos Entre Nós). Esse termo se aplica a uma ocasião em que duas almas trocam de lugar por qualquer motivo. Mas, na época de nosso experimento, essa ideia era totalmente inédita e todo o conceito nos deixou atônitos. Walk-ins (junto com o seu conceito correspondente de "Imaging") são discutidos mais detalhadamente em meu livro "Between Death and Life" (Tradução Livre: Entre a Morte e a Vida).

Capítulo 8
Mary na Inglaterra

Até aquele momento, Anita tinha sido extremamente consistente sobre datas e horários, durante todo o período de June/Carol, Jane e Sarah. Mas durante o resto de suas vidas, ela começou a confundir o elemento tempo. Só conseguimos estimar, por meio de coisas que ela dizia, de que época estava falando.

Quando a quarta personalidade se apresentou, aparentemente havíamos cruzado o oceano e estávamos agora na Inglaterra. Ela entrou em cena como uma mulher idosa que falava em um delicioso sotaque irlandês. Nós estabelecemos que seu nome era Mary e que ela morava perto da fronteira escocesa. Mas, novamente, por uma questão de clareza, seria melhor se começássemos com o registro mais antigo que temos de sua vida.

Johnny a havia regredido para cerca de dez anos de idade. Imediatamente, sua voz e dicção se tornaram infantis.

J: *O que você está fazendo, Mary?*
A: Estou andando na carruagem... observando meus padrões... e imaginando onde estaremos em breve. É uma longa viagem.
J: *Para onde você está indo?*
A: É a cidade de... a cidade de... Papai! Papai, você me disse a cidade, mas eu esqueci. (Pausa, como se estivesse ouvindo.) Aye? Papai me disse que é Loch. Estamos indo morar lá. Nossas coisas foram levadas na carroça e agora vamos nós mesmos.
J: *Onde vocês estavam morando?*
A: Morávamos em uma pequena cidade no litoral. Quase não havia pessoas lá além de nós!
J: *Era muito longe de Loch?*
A: Ah, não. Talvez se você fosse pelo caminho mais longo. Eu sempre pergunto ao meu papai, podemos pegar o caminho mais longo? Mas se você for direto para lá de carruagem, você chega lá em duas horas.

J: *Qual é o nome da outra cidade?*
A: Crew.

Eu sabia que Loch significava lago em escocês. Dei uma olhada nos mapas para tentar encontrar alguma menção de uma cidade chamada Crew. Tudo o que conseguimos encontrar foi uma Crewe, no centro da Inglaterra, que não foi construída até 1800 pelas ferrovias. Por sorte, havia uma mulher da Marinha morando em Beeville, que era da Escócia. Perguntei a ela sobre Crew. Ela disse que havia uma cidade chamada Crew no lado escocês, e que era tão pequena que provavelmente não apareceria nos mapas. Ela disse que sempre foi um lugar pequeno.

J: *E o que seu pai fazia em Crew?*
A: Não muito bem, eu temo. Mas aqui, ele mesmo fará seus negócios.
J: *Qual é o negócio dele?*
A: Teremos uma sapataria.
J: *Ele era sapateiro em Crew?*
A: Ele trabalhava para um sapateiro, como aprendiz.
J: *Você tem frequentado a escola?*
A: Não. Minha mãe me ensina o que pode. Não é adequado que as mulheres saibam demais. Meu pai diz que elas ficam descontentes com o destino de uma mulher se elas aprenderem como um homem com seu cérebro. Isso é contra a natureza.

Aqui, Johnny demonstrou um traço insuspeito de machismo ao comentar (presunçosamente, pensei): "Seu pai é muito inteligente!" Mary continuou:

A: Papai aprendeu a profissão dele, e eu pedi para ir à escola e aprender uma profissão, e ele riu de mim. Ele disse que ganharia dinheiro suficiente para todos nós. E eu deveria aprender a ser uma dama e aprender a fazer as coisas que uma mulher faz. Sim, e eu não deveria tentar ser um homem. Isso vicia o cérebro, vai contra a natureza. O homem deve aprender e a mulher deve ficar em casa. Sim, é muito para aprender, cozinhar e costurar, para fazer uma casa adequada. É um pecado e uma vergonha não fazer isso direito.

Na próxima vez que encontramos Mary, ela estava mais velha e casada.

J: *O que está fazendo?*
A: Estou esperando o sol.
J: *Ah, o sol ainda não nasceu?*
A: Não.
J: *Há quanto tempo você está acordada?*
A: Desde muito cedo. Eu gosto quando está assim, nem escuro, nem claro. Só estou esperando.
J: *Você gosta de ver o sol nascer de manhã? Isso é muito bonito.*
A: Eu gosto.
J: *Qual é o seu nome?*
A: Mary.
J: *Qual é o seu sobrenome, Mary?*
A: (Risos) É Riley.
J: *Você é casada, Mary?*
A: Sou.
J: *Há quanto tempo você é casada?*
A: Há muito tempo... muitos anos.
J: *E o que seu marido faz?*
A: Ele faz sapatos. E botas e chinelos.
J: *Quantos anos você tem, Mary?*
A: Eu... eu acho que tenho quase 40... Acho que tenho 40 anos.
J: *Quantos filhos você tem?*
A: Um; tenho uma filha.
J: *Qual é o nome dela?*
A: Eu a chamei de Mary.
J: *Em homenagem a você?*
A: Em homenagem a Santa Maria, que a Virgem sempre a proteja.
J: *Vejamos, sua casa... em que cidade fica?*
A: Loch.
J: *Há quanto tempo você mora em Loch?*
A: Quase toda a minha vida. Vim para cá quando era uma garotinha.
J: *(Ele sabia que Loch significa lago) Você mora perto da água?*
A: Bem perto. Você pode vê-la da cidade. A cidade foi construída perto da água.
J: *Ah, então você mora bem na cidade.*
A: Um pouco mais à beira, mas na cidade.

J: *Vamos ver, você está na Inglaterra, certo?*
A: Sim, Inglaterra.
J: *Quem é o rei?*
A: Nós temos uma rainha.
J: *Qual é o nome dela?*
A: Mary.

Essa foi a única coisa que ela disse que possivelmente fornecesse uma data. Pesquisas revelaram que houve uma Rainha Mary I (Mary Tudor) também chamada de Bloody Mary (Maria Sangrenta), que governou de 1553 a 1558. Essa Maria era filha de Henrique VIII; portanto, meia-irmã de Elizabeth I. O termo "sangrenta" foi dado a ela pelos protestantes porque Mary tinha a intenção de reinstituir a igreja católica romana (papista) como a igreja estatal inglesa, mesmo que isso significasse guerra. Cerca de 300 protestantes foram "martirizados" durante esse período. Houve também um governo conjunto de William III e Mary II de 1689 a 1694. Pode ter sido um desses governantes.

J: *Você já viu a Rainha Mary?*
A: Nunca estive lá; é muito longe.
J: *Onde ela mora?*
A: Ao sul do país. Ouvi dizer que ela vem aqui às vezes, a um castelo perto daqui. Mas nunca a vi.

A pesquisa revelou que o Castelo de Balmoral, nos bosques de Aberdeenshire, nas Terras Altas da Escócia, é a residência escocesa do monarca reinante da Grã-Bretanha. Poderia ser esse o castelo de que ela estava falando?

J: *Ela provavelmente vem para cá, para férias de verão?*
A: Sim, é melhor aqui do que lá. Ela gosta da água.
J: *Onde está seu marido hoje?*
A: Ele está trabalhando.
J: *Ele tem sua própria loja?*
A: Sim, ele tem, ele tem. Ele precisa trabalhar muito, um par especial de botas. Tem de ser feito hoje.
J: *Ah, ele trabalhou a noite toda ou se levantou e foi trabalhar cedo?*
A: Ele saiu um pouco antes. Preparei o café da manhã para ele.

J: *O que você comeu no café da manhã?*
A: Sua panqueca escocesa favorita, um scone, como ele chama. Um pequeno bolo que ele come, e eu faço bolos extras para o almoço. E você os prepara com manteiga, mel, geléia. É bom frio ou quente. Um bolo muito doce. Sou uma cozinheira muito boa, você sabe.
J: *Sim. Sua filha ainda está dormindo?*
A: Sim. Ela parece um anjo. Seu cabelo é muito preto. Uma criança linda, linda. (Ela tinha tanto orgulho em sua voz.)
J: *Quantos anos ela tem?*
A: Logo vai fazer nove anos, logo vai fazer.

Encontramos Mary novamente com a mesma idade em outra sessão.

J: *O que está fazendo, Mary?*
A: Varrendo, limpando e dando brilho às coisas. Vou dar uma festa.

(Ela parecia feliz e animada).

J: *Está mesmo!*
A: O aniversário da minha filha.
J: *Quantos anos ela tem?*
A: Vai fazer dez anos.
J: *Quantos anos você tem, Mary?*
A: Oh... (rindo) ... tenho 40 anos. Quase 40.
J: *Quem virá para a festa de aniversário?*
A: Todos os amigos que ela conhece.
J: *Ela vai à escola?*
A: Ela vai à escola na cidade aqui, uma cidade pequena, a escola é pequena. E ela aprende bem. É uma criança inteligente. Não é como sua mãe! Tem olhos brilhantes.
J: *Qual é o nome da escola dela?*
A: (Rindo) Loch school (Escola Loch). Não a chamamos de outro nome. O padre diz que sim, às vezes a chamamos pelo nome da igreja, você sabe. Eles a educam bem lá.
J: *Qual é o nome da igreja?*
A: St. Joseph's. Demos o nome em homenagem ao santo padre.

Essa foi a única vida em que ela falou como católica.

J: O que você está preparando para a festa?
A: Vaidades! Minha filha gosta muito delas.
J: (Intrigado) O que são vaidades?
A: É uma massa folhada. Parece leve e fofo, e você acha que vai ser lindo por dentro também. Mas quando você o abre, ele está quase vazio, com um buraco. Por isso, nós o chamamos de vaidade, inchado e com vaidade.

Uma pesquisa em livros de receitas antigas não revelou nada com esse nome. Pessoalmente, acho que soava muito parecido com um popover* (uma sobremesa de massa com leite, ovos e manteiga).

A: E eu servirei chá para elas como para senhoras. Ela gostaria que fosse como uma festa de senhoras.
J: Acho que todas as meninas gostam de fingir que são senhoras.
A: Ah, sim. E ela será a mais adorável de todas. Linda. Mas se você não se importa, gostaria de continuar trabalhando para não me atrasar.
J: Sim, vá em frente. Ela vai se lembrar dessa festa pelo resto de sua vida.
A: Sim, espero que sim. Esperamos tanto tempo por ela!
J: O que você vai dar a ela de aniversário?
A: O pai dela fez os melhores sapatos para ela, e eu fiz um vestido... de veludo! Ela ficará muito orgulhosa.
J: Com certeza.

A última vez que encontramos Mary, ela era uma mulher idosa e disse que estava tricotando um xale.

J: É um lindo xale que você está tricotando.
A: Sim, a cor é brilhante, vai me alegrar.
J: Isso é bonito. Mary, você não me disse seu sobrenome.
A: Ah! Você é gentil e está interessado em mim? Você vai me visitar por um tempo?
J: Sim, vou.
A: Isso é bom. Isso é bom. Meu nome é Smythe-Riley. (Aparentemente, Smythe era seu nome de solteira).

J: *Você se sente sozinha aqui?*
A: As pessoas vêm comprar meu tricô. Os netos vêm às vezes.
J: *A senhora tem muitos netos?*
A: Não, mas dois. Doces. Os brownies são doces.

Dizem que a divisão Brownies das escoteiras foi assim chamada porque era assim que as antigas avós irlandesas costumavam chamar seus netos.

J: *Vamos ver. Você disse que tem 70 anos?*
A: Sim. Sou velha, mas tive uma boa vida. Agora estou esperando, minha saúde não está boa. Se eu não me mexer muito, meus pés não doem. Meus dedos eu esfrego. Posso tricotar bem. É bom fazer algo bom. Na mente, na mente é onde envelhecemos.
J: *E onde fica esse chalé, Mary? Em que lugar estamos aqui?*
A: (Rindo) Ora, estamos na Inglaterra! Você pode ver a costa escocesa.
J: *Qual é o nome da cidade?*
A: Moramos na extremidade da cidade; ela se chama Loch.
J: *É uma cidade grande?*
A: Oh... o que você chama de grande? Não é como Londres. Ouvi dizer que Londres é grande.
J: *Você já esteve em Londres?*
A: Não, nunca. Eu atravessei o mar uma vez para a Escócia, atravessei o mar uma vez para a Irlanda, mas nunca estive em Londres ou nenhuma cidade grande. Sou uma garota simples, de vida simples.
J: *Você é inglesa, escocesa, irlandesa ou o quê?*
A: Eu nasci aqui. Falo como o meu marido depois de viver muitos anos com ele. Ele era meio... meio irlandês; meio escocês. Um bom homem. (Isso explica o sotaque irlandês).
J: *Que tipo de trabalho seu marido fazia?*
A: Ele trabalhava aqui na cidade; fazia sapatos; era sapateiro. Fazia botas e sapatos para senhoras também. Os melhores. Ele fez este par que tenho agora. Eu cuido deles. É o último par que ele fez para mim.
J: *Qual era o nome do seu marido?*
A: Thomas. Thomas Riley. Um bom homem.
J: *Quanto tempo se passou desde que Thomas faleceu?*
A: Há quase 20 anos.

Naquela época, os sapatos deviam ser muito melhores para durar 20 anos. Além disso, ela era uma senhora idosa que obviamente não se movimentava muito.

J: Quantos filhos você teve, Mary?
A: Apenas um que viveu. Isso entristeceu o pobre Thomas; ele gostaria de ter uma família maior. Meus bebês morreram antes de começar a nascer. Nunca carreguei um bebê, apenas um. Ela estava a termo completo. Eu a chamei de Mary.

Parece que Mary viveu muito tempo nessa vida inglesa e aparentemente era feliz. Não parecia haver nenhuma conexão com a vida atual de Anita, exceto pelo fato de que ela agora era católica e seus filhos frequentavam a escola católica local.

Capítulo 9
A forte Gretchen

Presumi que, quando chegássemos tão longe nas regressões, não haveria mais nada que pudesse nos surpreender. Mas cada sessão continha algo novo e inédito para estimular nossas mentes. A parte a seguir ocorreu quando Anita foi regredida a um momento imediatamente anterior ao seu nascimento na vida na Inglaterra como a doce e suave Mary. Esse era naturalmente um estado espiritual, mas o que ela nos contou foi confuso. Ela falou sobre um lugar novo e estranho que não havia mencionado antes, um lugar que parecia diferente do plano espiritual onde normalmente a encontrávamos.

J: Certo, Mary; é bem lá atrás. O que você está vendo?
A: É preto, escuro. Logo ficará mais claro.
J: O que é isso... de noite?
A: Era noite, agora é madrugada.
J: O que você está fazendo?
A: Vim a este lugar pela primeira vez. Meu espírito descansou centenas de anos.
J: Que lugar é esse?
A: Inglaterra, eu acho. E estou pronta agora - para começar minhas séries.
J: Séries de quê?
A: Minhas lições. Minha alma precisa ser purificada e eu preciso aprender. Eu passarei por etapas conforme o que a minha voz me diz. E a cada vez, eu aprenderei algo diferente, algo novo. Cada um irá aprender. Começarei; observarei e vigiarei.
J: Onde você esteve?
A: Estive descansando, por muitos anos... centenas, ao que parece. Descansando.
J: Onde você descansa?
A: Acima da Terra, acima de tudo. Sem sentimentos, vibrações ou cor. Quando você descansa, você fica completamente em paz.

J: *Mas você está longe da Terra?*
A: Longe. Ouvi dizer que há problemas lá.
J: *Na Terra?*
A: Sempre problemas, pobres almas. Enviados da paz para a Terra. Antes de podermos voltar, iremos aprender.
J: *Você vai à Terra para aprender lições?*
A: Sim, preciso aprender.
J: *Você está descansando há muito tempo?*
A: Muito, muito tempo.
J: *Por quê? Seu espírito estava cansado?*
A: Ele passou por muita violência. Muita violência e meu espírito estava dilacerado e machucado. Eu precisava descansar. Eu estava aqui, mas eu não falava esta língua. Mas agora eu falo com você. Lembro-me de parte... mas para estar realmente descansado, eu não deveria me lembrar. A voz me diz que, à medida que se aproxima a hora, vou me esquecer cada vez mais. Eu não devo me lembrar. Isso afetaria minha linguagem, meu.... isso afetaria tudo, meu pensamento, meu aprendizado. Não deveria lembrar do passado. O espírito entra fresco, sem conhecimento. E descansado, você entra no corpo... e começa. Você começa.

Isso foi confuso. Para fazer perguntas e trazer a sessão de volta a algo que pudéssemos entender, Johnny tentou orientá-la em uma época ou ano.

J: *Vamos ver... você diz que descansou centenas de anos. Eu vou contar até três e vamos voltar 100 anos. Você poderá conversar comigo no idioma que estou falando. Diga-me, o que está fazendo?*
A: Me preparando. Descansando.
J: *E onde está descansando?*
A: Não há nome... não há nome para isso. Nós estamos aqui; estamos juntos.
J: *Nós? Há muitos de vocês?*
A: Muitos espíritos, muitos, e nós descansamos. Às vezes você pode voltar muito rapidamente, eles me dizem. Se algo que você fez é muito errado, você vai querer voltar antes que a memória seja totalmente apagada. E você tenta não cometer os mesmos erros ou

será condenado a voltar mais e mais. É melhor descansar e esquecer.
J: Certo. Vou contar até três e vamos voltar mais 100 anos. O que está fazendo agora?
A: Começando meu descanso.

Ela estava apenas começando seu tempo nesse misterioso lugar de descanso? Quanto tempo atrás foi a vida anterior a ela? Nós continuaríamos voltando até descobrirmos.

J: Certo. Vou contar até três e voltaremos ao ano 1300. Você poderá conversar comigo no idioma que estou falando. O que está fazendo?
A: Estou me preparando para o banquete.
J: Para que é o banquete?
A: O banquete é para os grandes feriados. Haverá uma festa quando os homens voltarem.
J: Onde estão os homens?
A: Eles estão na guerra. Somos vitoriosos, então não perdemos.

Essa personalidade era muito dominante e tinha muita força de vontade.

J: Quem é você?
A: Desculpe-me? Entendi... sua pergunta... não.

Qualquer pessoa que tenha estudado uma língua estrangeira reconhecerá o que está acontecendo aqui. Johnny pediu que ela falasse em inglês. Para traduzir de um idioma para outro, você deve inverter a ordem das palavras em sua mente. Aparentemente, ela não entendeu a pergunta porque estava pensando em outro idioma.

J: Oh... qual é o seu nome?
A: Meu nome? Gretchen.
J: Gretchen. E você tem um sobrenome?
A: Sou chamada pelo nome do meu pai - Müller.
J: Gretchen Müller. E onde você está? Em que país você está?
A: Você conhecerá meu país como Alemanha. Será Alemanha.
J: Como você o chama?

A: No idioma que você me diz para falar com você, eu o chamo de Alemanha.

J: Diga-me como você chama seu país em seu idioma?

A: Deutschland. (Ela pronunciou de forma diferente - Do-sch-land). O acento estava na última sílaba). Eu sou sua pátria mãe.

Pensei que sempre fosse chamado de Pátria ou isso é só nos tempos modernos?

J: E os homens estão indo para a guerra. Contra quem eles estão lutando?

A: Eles estão lutando contra o castelo no Reno. E nós vencemos; nossos homens são fortes e numerosos.

J: Quantos homens você tem em seu castelo?

A: Seriam cerca de cem, creio que você diria. Muitos homens.

J: E seu pai, ele está na luta agora?

A: Meu pai está fora. Meu tio, todos os homens, os serviçais, o camareiro lutam pela proteção comum. Não seremos dominados; somos fortes.

J: Gretchen, o que seu pai faz no castelo quando está lá e não está lutando?

A: Ele faz as coisas que todos os homens fazem. Ele ajuda seu irmão. Seu irmão é o dono do castelo, que está na família. Todos nós vivemos aqui - a família.

J: E o castelo é do irmão de seu pai...

A: Do meu tio. Wilhelm. O forte Wilhelm Müller.

J: E o outro castelo que eles foram lutar. Eles vieram até aqui para começar uma briga?

A: (Indignada) Eles tentaram tomar uma terra que era nossa! Todas as nossas terras, é claro, não estão dentro do nosso castelo aqui. Vivemos muito bem juntos, próximos, mas nossas terras estão por toda parte. Eles tentaram tomar algumas de nossas terras! Primeiro, caçaram, depois até quiseram plantar algumas coisas em nossas terras. E isso foi demais. Por isso, precisamos começar a guerra, meu tio disse.

J: Diga-me, quantos anos você tem, Gretchen?

A: Quase na idade de casar.

J: Você vai se casar?

A: Quando meu tio e meu pai concordarem e encontrarem um homem adequado em nosso país, com propriedades adequadas, eu me casarei.

J: *Você está ansiosa para se casar?*

A: Todas as mulheres deveriam se casar, ter filhos fortes. Nós somos um povo forte, nunca seremos vencidos, somos os mais fortes. Somos fortes em espírito, em corpo, em mente e eu devo ter filhos assim quando me casar. Os mais fortes. Nós lutamos contra outros castelos ao redor, mas sempre vencemos. Não haverá castelo que nos substitua.

Parece que a ideia de uma raça alemã forte remonta a muitos séculos. Ela deve estar muito arraigada no povo.

J: *E o seu castelo é grande?*

A: É, para um castelo, ele é grande. Englobamos muitas famílias; há muitos lugares estáveis. O terreno é grande. As paredes são grossas e altas.

J: *E sua idade agora, quantos anos se passaram desde que você nasceu?*

A: Dezoito, acho que me disseram. Não é a mesma coisa, sabe; uma mãe manteria o controle de tudo isso. Meu pai não pode ser incomodado com isso. Ele é ocupado, trabalha muito.

Johnny esperava conseguir que ela falasse um pouco de alemão. Mesmo que nós não conseguíssemos entendê-la, pelo menos teríamos algum registro. Ele achava que talvez outra pessoa pudesse traduzir.

J: *O que eu quero que você faça, Gretchen, é que fale comigo em seu próprio idioma. Conte-me tudo sobre o castelo. Descreva o tamanho do castelo, quantas pessoas vivem lá e o que vocês fazem lá - em seu idioma.*

A: Como você poderia me entender?

J: *Bem... Vou aprender seu idioma.*

A: (Com raiva) Não tenho tempo para ensiná-lo. Tenho de ir ao banquete. Posso conversar um pouco com você, mas não tenho tempo para "aprender você" o idioma.

J: *(Surpreso) Oh, bem, eu... outra pessoa está me "aprendendo". Só quero que você me diga algumas palavras no idioma.*

A: Vou lhe dizer as palavras mais gentis em todo o meu idioma, em qualquer idioma, palavras que você já conhece. Ich liebe dich (Eu amo você). Você pode dizê-las em qualquer idioma, elas são sempre gentis.
J: E em seu idioma, como você chama seu castelo?
A: (Impaciente) Meu castelo? O castelo do meu tio. Ele se chama Müller, o castelo do Forte Müller.
J: E em seu idioma, você também o chama de "castelo"?
A: (Bruscamente) Você quer que eu ensine, mas eu lhe digo que não tenho tempo! (Ela tinha um temperamento muito forte).
J: Desculpe-me, Gertrude ... Gretchen.

Isso realmente a deixou irritada. Ela começou a gritar.

A: Você não consegue se lembrar do meu nome; não consegue se lembrar do idioma. Pode me repetir agora o que eu disse a você no meu idioma?

Johnny fez uma tentativa lamentável de pronunciar "Ich liebe dich".

A: (Ela se acalmou.) Seu sotaque é pior do que o meu e o meu é sotaque do interior.
J: (Riu) Bem, todos nós temos que aprender, leva tempo. (Ele decidiu mudar de assunto). O que você está preparando para o banquete?
A: Preparando o cervo. Carne de veado.
J: Você gosta de veado?
A: Os homens adoram carne, nós servimos carne. Homens fortes, alimentos fortes. Comemos o que plantamos, comemos o que caçamos e todos nós seremos fortes. Ser forte é tudo. O mais importante de tudo. Você deve ser muito forte para sobreviver, para viver.

Assim, fomos apresentados a outra personalidade, uma que era certamente o oposto exato da Mary mansa e delicada. Essa garota alemã tinha espírito.

Decidimos que, na sessão da semana seguinte, veríamos se conseguiríamos descobrir o que havia acontecido com ela, que foi tão violento a ponto de colocá-la em um local de repouso por tanto tempo.

A ideia era um pouco enervante para Anita por causa de sua grande aversão a qualquer tipo de violência. Ela temia que a violência pudesse ter sido algo pessoal e estava preocupada com o fato de que passar por isso seria traumático. Ela estava disposta a tentar a regressão, mas isso ainda a incomodava.

Quando Johnny iniciou a indução, Anita ficou irritada, e resistiu. Essa foi a única vez que ela lutou contra a indução. Era como se uma parte dela soubesse que estávamos chegando perto de algo insuportável que havia sido reprimido por muito tempo. Mas ela havia sido condicionada por muitas semanas de trabalho em hipnose, então, depois de alguns momentos, ela relaxou e entrou no familiar estado em transe profundo.

Johnny havia lhe dito que faria o possível para guiá-la durante a experiência com o mínimo de trauma possível. Anita havia desenvolvido muita fé nele, como ficou evidente durante essa sessão.

Como tudo indicava que Gretchen havia vivido no início dos anos 1300s, John a regrediu para esse período de tempo e perguntou: "O que você está fazendo?

A: Costurando. Estou fazendo um cachecol.
J: Quantos anos você tem?
A: Não tenho certeza.
J: Qual é o seu nome?
A: Gretchen.
J: Onde você está morando, Gretchen?
A: Com meu pai.
J: O dia está bom lá fora?
A: Não, está chovendo... está chovendo muito forte.
J: Onde está sua mãe?
A: Ela morreu há muito tempo.

Isso explica a razão pela qual ela disse na outra sessão que não sabia quantos anos tinha, porque uma mãe manteria o controle dessas coisas.

J: Ah, então você está se cuidando?
A: Meu pai, ele cuida de mim.
J: Você vai à escola, Gretchen?
A: O quê?

J: *Eu disse, você vai à escola?*
A: Não... o que é?
J: *Ah, você sabe, quando eles ensinam coisas novas e como fazer coisas diferentes.*
A: (Defensivamente) Me ensinam a fazer coisas. Minha tia, meu pai, as mulheres daqui me ensinam. Eu sei fazer as coisas.
J: *Sua tia lhe ensinou a costurar assim?*
A: Ela está tentando. Minha tia sabe costurar e fazer coisas.
J: *E onde você está morando, Gretchen?*
A: Com meu tio, minha tia, meu pai, o que sobrou da nossa família.
J: *Vocês têm uma casa grande?*
A: Uma casa? Um castelo, um lar, um lugar para morar.
J: *Você tem um castelo?*

Como sempre, foi necessário repetir algumas vezes para verificar se ela dizia as mesmas coisas.

A: Nós o chamamos assim. Muito grande.
J: *Quantas pessoas vivem em seu castelo, Gretchen?*
A: Dentro das paredes?
J: *Sim. Há mais do que apenas você, seus tios e seu pai, não é?*
A: Ah, sim, sim. A família do meu tio, empregados, pessoas que trabalham na terra. Eles vêm para cá; temos quase cem ao todo. Alguns não estão aqui o tempo todo.
J: *Vocês cultivam seus alimentos fora do castelo?*
A: Quem come, trabalha, quem não trabalha, não come!
J: *Você trabalha no jardim?*
A: Não! Eu cozinho, eu costuro. Eu não trabalho fora.
J: *Quem faz todo o trabalho nas hortas?*
A: Os fazendeiros. Cultivamos alguns alimentos aqui, mas não todos. Não é seguro fora dos muros.
J: *Por que não é seguro, Gretchen?*
A: Eles o levarão embora se o virem.
J: *Quem levará você?*
A: Do próximo castelo. Descendo o Reno, o próximo castelo. Nós lutamos o tempo todo, o tempo todo.
J: *Em que país você está?*
A: Na Alemanha. É a Alemanha.
J: *É assim que você o chama?*

A: Será Alemanha.
J: *Mas agora não é Alemanha?*
A: Meu pai diz que é um bom nome. Não somos bárbaros. Nós só matamos para sobreviver. Seremos um país, não seremos o país de qualquer outro.
J: *Quem é o regente de seu país agora?*
A: Não tenho certeza. A igreja tem autoridade sobre o que fazemos. Os homens não gostam disso - homens querem ser homens.
J: *Eles não gostam que a igreja diga a eles o que fazer?*
A: Ninguém deve dizer a um homem o que fazer em sua própria terra; ela é dele.

Pesquisas posteriores revelaram que a Alemanha não era conhecida por esse nome naquela época. Ela fazia parte do Sacro Império Romano-Germânico. Portanto, tecnicamente, a igreja tinha autoridade sobre toda a área.

J: *Existe um rei?*
A: Não, não sei o que você quer dizer.
J: *Talvez um... que tal um regente – um imperador?*
A: Um regente? Nós temos um regente. Seu nome é Earl. Ele será o regente.
J: *Earl. Esse é todo o nome dele?*
A: É só assim que eu o ouvi ser chamado.
J: *Ele rege todos os castelos ao seu redor?*
A: Não, mas ele vai reger. Ele é um amigo.
J: *Ah, ele vai ser o regente.*
A: Ele será. Quando todos os homens o ajudarem, então ele poderá ser o regente. Alguns castelos resistem a isso.
J: *Eles não o querem como regente?*
A: Para sermos fortes, precisamos ter apenas um líder. Cada castelo quer ser seu próprio líder. Seremos um país forte quando tivermos um único líder.
J: *Certo, Gretchen, vamos ver. Este é o ano de 1300?*
A: Se você disser que é, é. Não fico olhando as datas.
J: *Ah, você não se preocupa com o tempo?*
A: Não me preocupo com isso. Só quando é primavera ou outono. Eu conheço os trabalhos que fazemos na primavera e no outono. Gosto mais do inverno.

J: *Inverno, por quê?*
A: Há menos trabalho. E os homens ficam em casa.
J: *Eles não saem para cultivar e caçar?*
A: Eles podem se matar, como tolos, no verão; mas no inverno, é mais provável que fiquem em casa.
J: *Certo, Gretchen, vou contar até três e passaremos muitos verões, muitos invernos. (Conta) O que você está fazendo agora?*

Quando Johnny chegou ao número "três", Anita se enrijeceu na cadeira, e agarrou os braços com força. Sua boca estava bem fechada e seu rosto desafiador. Quando ela falava, era através dos dentes cerrados.

A: (Pausa longa) Eu não sei nada, não posso contar nada. Não vou contar nada. Não adianta perguntar. - Não vou lhe dizer onde eles estão!
J: *(Surpreso) Onde estão quem?*
A: Meu pai, meu tio e os homens.
J: *Ah! Quem está lhe perguntando?*
A: EU NÃO VOU RESPONDER!

Essa foi uma virada inesperada de acontecimentos. Era óbvio que estávamos na parte de sua vida que queríamos descobrir, mas como prosseguir? Como contornar esse bloqueio? Isso exigiria tato e estratégia.

J: *Gretchen, alguém está procurando seu pai?*
A: Você sabe onde ele está!
J: *Seu pai está desaparecido há muito tempo?*
A: NÃO VOU CONTAR.... Não tenho medo. Não estou com medo!
J: *Está tudo bem, Gretchen. Você pode me contar. Quem está lhe perguntando onde está seu pai?*
A: (Desafiando) Como sei que você não vai contar?

Ele estava tentando pensar em alguma maneira de falar com ela e reconquistar sua confiança.

J: *Tenho sido seu amigo em muitas dessas viagens.*

Anita notavelmente relaxou um pouco, mas ainda permaneceu tensa.

A: Você me ajudará a procurar por eles?
J: Sim, eu a ajudarei.

Isso pode parecer uma coisa estranha, mas Johnny estava inventando suas próprias diretrizes. Ele concluiu que a única maneira de fazer com que ela falasse era entrar na história como participante. Além disso, talvez subconscientemente, ela estivesse com medo de passar por isso sozinha.

A: Se eles os encontrarem, serão mortos!
J: Talvez possamos avisá-los.
A: Eu quero sair do castelo, mas minha tia diz que não. Todas as pessoas dizem que não. Mas eu sei onde eles estão, tenho de avisá-los. (Ela estava muito perturbada.)
J: Quem está aqui no castelo?
A: Os homens do outro castelo. Eles vieram.
J: Como eles entraram?
A: Não sabíamos quem eram, eles se vestiram de forma diferente. O da frente estava no cavalo do meu pai. E nós os deixamos entrar; e quando estavam dentro, sabíamos que não eram do nosso povo. Não eram nossos homens que estavam voltando. E eles já estão aqui há quase três dias. E eu não vou lhes contar!
J: Não. Eles estão vigiando os portões para que não possamos sair?
A: Eles estão vigiando. Eles procuraram, destruíram tudo. Tudo, procurando... mas eles não sabem que meu pai foi pedir ajuda. Vamos buscar ajuda do norte. Eu conheço o caminho. Eu conheço através das árvores. Nunca estive lá, mas conheço; eu escutei.
J: Em quanto tempo você acha que essa ajuda pode chegar aqui?
A: Se meu pai estiver a caminho, se ele estiver vivo, pode chegar aqui em pouco tempo, talvez em um dia. Podemos ir rápido, podemos ir embora hoje à noite.
J: Você acha que conseguiremos passar por eles?
A: Não saberemos se não tentarmos. Não devemos ter medo; demonstrar medo é fraco. Não tenho medo deles, não terei medo.
J: Quantos deles chegaram há três dias?

A: Cerca de... cerca de... Não consigo contar... vários. Não o suficiente, não tantos quanto todos os nossos homens, nem mesmo uma parte do que temos.
J: Se todos os seus homens estivessem lá, eles não teriam entrado.
A: Ninguém poderia entrar se todos estivessem aqui. Ninguém conseguiria entrar. Achamos que era meu pai.
J: Eu me pergunto onde eles conseguiram o cavalo dele. Talvez ele tenha se perdido.
A: (Suavemente) É por isso que... lá no fundo... eu tenho medo. Ele amava aquele cavalo, não o deixava ir embora. Eles devem tê-lo levado. ... Eu tenho medo, lá no fundo. (Gritou) Não tenho medo... dessas pessoas!
J: Não. Mas você sabe, se eles tivessem pego seu pai, não estariam aqui perguntando onde ele está; eles já saberiam. Então, eles não devem saber.
A: É o que digo a mim mesma.
J: Ele ainda deve estar vivo em algum lugar recebendo ajuda.
A: Talvez... talvez ele esteja machucado.
J: Pode ser.
A: Terei de procurá-lo. Meu tio pode ter conseguido passar.
J: Seu tio foi com seu pai?
A: Ele partiu logo em seguida. Seria mais seguro não viajarem juntos. Se um não conseguisse, o outro conseguiria. (Longa pausa) Assim que escurecer, eu vou.
J: Bem, talvez você possa passar direto por eles e eles não verão nada.
A: Acho que consigo. Posso atravessar a parede.
J: Tem alguma porta que eles não conheçam?
A: Na verdade, não é uma porta. Há algumas pedras soltas na parede. E acho que se eu conseguir entrar lá... do outro lado da parede, elas também estão soltas lá. A parede não é muito grossa. Eu posso passar. Eu os ouvi falar. É no canto norte.
J: Talvez você consiga encontrar um cavalo lá fora para poder cavalgar para o norte.
A: Não sei. Se for preciso, vou a pé. Talvez eu consiga encontrar meu caminho mais fácil se eu caminhar. Não sei quanto tempo levaria. ... Tento pensar... com medo. Eles têm terra ao nosso redor, eles podem estar lá. Se eu andar, posso me esconder. Talvez eu consiga passar por lá.

J: *O que essas pessoas fizeram? Elas capturaram a terra ao redor do castelo e finalmente entraram no castelo?*
A: Eles mataram as pessoas que trabalhavam para nós; queimaram suas terras, suas casas, fora dos muros. E nós lutamos com eles, lutamos com eles por muito tempo. Eles ganharam força sobre nós.
J: *Eles continuam recebendo mais ajuda?*
A: Sim.
J: *Bem, vamos continuar esperando aqui até escurecer lá fora.*
A: Você vai comigo!
J: *Sim. (Pausa) Já está escurecendo?*
A: Quase escuro.
J: *Talvez nós dois consigamos tirar as pedras.*
A: Temos de tentar, temos de tentar. Eu sei onde elas estão soltas aqui. Tome cuidado ao colocá-las de volta para que não saibam para onde fomos.
J: *Sim.*
A: O ar está com um cheiro ruim. ... Aqui também está escuro. Muito escuro. ... Rápido, vamos tentar encontrá-lo do outro lado. Empurre com força! (Sussurro) Ouça!
J: *(Pausa longa) O que você está ouvindo?*
A: Eles estão lá fora!

Eu quase podia vê-la em minha mente, pressionada contra a parede, prendendo a respiração.

J: *Uh-oh. Teremos de esperar.*
A: Você consegue respirar?
J: *Acho que sim; mas o cheiro é muito ruim. Você acha que eles ouviram você tentando empurrar a pedra para fora?*
A: SHHH! (Anita literalmente prendeu a respiração por vários segundos). ... Pronto... eles se foram... Cuidado. ... Não faça barulho. (Sussurro) Não deixe cair!
J: *Rapaz, está escuro como breu.*
A: Shhh! Trabalhe... Eu consigo passar.
J: *Você vai na frente, depois eu vou.*
A: Não quero esperar. ... Vou seguir em frente.
J: *Vou logo atrás de você. (Pausa) Você consegue encontrar o caminho?*

A: Preciso chegar até as árvores. ... Digo a mim mesma que não tenho medo. (Patético) Não tenho medo; não tenho medo. ... Esse deve ser o caminho, o único lugar. (De repente) Alguém está lá!

Você podia sentir o medo. Então, de repente, Anita se recuou contra a cadeira, agarrou os braços e suspirou bruscamente, como se estivesse sofrendo um choque repentino.

J: *Qual é o problema?*
A: Eles me viram. ... Achei que não me veriam, mas me viram. Tenho de ir em frente.
J: *Continue.*
A: Eles acham que estou morta.
J: *O quê?... Eles pegaram você?*
A: Eles me bateram!
J: *Bateram em você? Com o que eles bateram em você?*

Não é preciso dizer que ficamos surpresos.

A: Uma pedra. ... Estou sangrando, mas posso ir.
J: *Você está sangrando muito?*
A: Eu vou rastejar. ... Estou indo embora. ... Eles estão olhando?
J: *Acho que não.*
A: Estou sangrando.
J: *Você acha que consegue?*
A: Meu corpo fica aqui. (Longa pausa) Meu corpo fica aqui.
J: *Seu corpo fica aí? O que está fazendo?*
A: Eu vou embora de qualquer maneira.
J: *Para encontrar seu pai?*
A: Preciso avisá-los. Isso é estranho. Estou olhando para mim mesmo... Como posso estar em dois lugares?
J: *Você nunca fez isso antes.*
A: Não, nunca fiz isso. Eles arrastaram meu corpo de volta.
J: *Oh, eles vieram buscá-lo? Achei que tinham ido embora.*
A: Eles esperaram; eles apenas esperaram.
J: *O que estão fazendo agora?*
A: Eles o amarraram ao cavalo. Estão levando-o de volta, arrastando-o de volta. Eles vão ... me cortar em pedaços (Revoltada). Na

frente das outras pessoas, para fazê-las falar. Eu não posso sentir isso... Eu vejo... (Horrorizada). ...
J: *Mas você não está lá.*
A: Sou eu, mas não estou lá. Estou confusa – muito confusa. Eu sinto que poderia continuar. Preciso avisar meu pai. A ajuda deve chegar aqui logo. Tudo é luz agora. Eu posso ver; eu posso ver.
J: *Sabe, eles não podem vê-la agora.*
A: Não, eles não me viram, viram? Eu fiquei parada e os observei. ... Não sei o que é isso. Disseram-me que, quando você morre você fica no chão até que Deus o ressuscite.
J: *Agora você sabe que é diferente.*
A: É muito confuso. Estou me movendo mais rápido agora, está vendo? Estamos chegando ao castelo. ... Não vi meu pai em lugar nenhum.
J: *Esse é o castelo para onde ele estava indo?*
A: Seu amigo, seu aliado, um cavaleiro.
J: *Qual é o nome dele?*
A: Earl.
J: *Ah, esse é o Earl, aquele que ia ser o regente?*
A: Acho que agora ele nunca mais será.
J: *Por quê?*
A: Eles vão perder por um tempo. Vai levar muito tempo até que... eles não me ouvem bater na porta!
J: *Você pode simplesmente entrar.*
A: Pelo portão?
J: *Pela parede. Você já tentou?*
A: Não, nunca tentei.
J: *Veja como funciona. (Pausa) A parede a impediu?*
A: Não. Ela também não o impediu, não é? Vamos lá! Não tem ninguém aqui dentro do portão para me ouvir. Vamos apenas passar de um cômodo para o outro. Eles não respondem. É como se eu estivesse correndo... mas eu não me movo assim. Muito rápido. Acho que é ele.
J: *Você o está vendo?*
A: Sim. Ele está dormindo. Ele foi ferido.
J: *Deve ter sido assim que pegaram seu cavalo.*
A: Ele se machucou e estão tentando ajudá-lo aqui. Ele também não está me ouvindo. (Frustrada) Como posso acordá-lo? Como posso acordá-lo? O quê? ... Não consigo sacudi-lo. Eu tento tocá-lo, mas

não o movo quando o toco. Ele não consegue me sentir. Eu vou jogar algo nele. Aqui está a bota dele.
J: Você pode pegá-la?
A: Sim.
J: Há mais alguém na sala?
A: Não. Ele está aqui sozinho. Aí está! Ele está se mexendo! Ele chamou.
J: O que ele disse?
A: Ele gritou por socorro!
J: Provavelmente não sabe o que o acordou.
A: Estou jogando mais coisas. As coisas estão indo para todos os lados, e ele não sabe o que é.
J: Agora, acho que ele está confuso.
A: Aí vêm eles. Vou tentar mais uma vez. Eles lhe dizem que é um demônio que faz estas coisas acontecerem.
J: Você pode dizer o quanto ele se machucou?
A: Ele não está tão machucado quanto eles pensam. Pronto! É isso mesmo; é isso mesmo! Pense... Pense. ... Sim.
J: Você transmitiu o pensamento a ele?
A: Sim. Ele lhes diz que precisa voltar, mas eles têm medo de deixá-lo ir. Ele lhes diz para irem com ele. Eles estão com medo de ir.
J: Eles não vão ajudar?
A: Disseram a ele para esperar até de manhã. Eles acham que pode ser a febre. Agora ele tem a sensação de que estou tentando falar com ele. Ele está pensando em mim; tem medo por mim. E enquanto ele está pensando em mim, eu posso lhe dizer. Ele não ouve minha voz, mas pode me ouvir em sua mente. Ele diz que precisa ir. Eles irão com ele. Quando ele começar a ir, eles irão com ele. Eu estou mais fraca agora. Não sei...
J: O que você acha que vai fazer agora?
A: Eu o avisei. ... Quero voltar e ver ...
J: Ver o que aconteceu no castelo? Você vai voltar?
A: Vou voltar. Quero saber o que aconteceu comigo.
J: O que eles estavam fazendo quando saímos?
A: Eles iam me cortar. Eles falaram sobre isso – eu os ouvi. Eles cortariam minha cabeça e a colocariam no portão, lá dentro, para todos verem. Um pedaço de mim em cada parte do castelo. Eles não os deixarão me enterrar. (Horrorizada) Isso não está certo!

(Balançando a cabeça) Não, isso não está certo... Eu os vejo fazer isso!

J: *Você está de volta ao castelo agora?*

A: Minha pobre tia está enlouquecendo. Uma mulher grita, chora... eles a matam! (Soluçando) Eles cortam sua cabeça. (Gemendo) Ohhhh. Eles lhes dizem que devem contar, mas eles não querem contar. (Gritou) Sejam corajosas, não contem! Eu assustei meu pai, talvez eu possa assustá-los! Vou esperar até que o líder esteja na sala e ele vai lá. Pegarei sua espada e a jogarei. Ha! Ele não é tão corajoso agora.

J: *Isso o assustou?*

A: Ele está abalado, ele está muito abalado com isso. Eu a pego e jogo de novo e de novo. Ele está tentando dizer a eles que o castelo é assombrado! Joguei sua espada com tanta força que amassou seu capacete. Ele está chorando; está com muito medo!

J: *Por que eles não vão embora?*

A: O que devo fazer? Os homens não o escutam. Quando eles chegam, a espada está caída no chão e eu estou muito quieta. Assim que eles saem, eu a faço se mover novamente. Não preciso jogá-la. Posso dizer a ela para se mover e ela o fará. Ela dança na frente dele e ele a alcança. (Risos) Agora, vou deixar que ele a pegue. Não vou machucá-lo... Deixarei que ele se machuque. Veja! Eles acham que ele fez isso sozinho. Ele se agarrou com tanta força, com medo de que ela se movesse. Ela cortou sua mão. Os líderes - eles serão líderes - acham que ele enlouqueceu. Estão apenas deixando-o sangrar. Eles nem mesmo tentarão ajudá-lo. Eles o levam para fora daqui. Eles não querem que as pessoas saibam que ele fez isso.

J: *Para onde o estão levando?*

A: Para o muro! Eles sabiam disso o tempo todo!

J: *Ah, a abertura no muro?*

A: Eles vão simplesmente lacrá-lo lá dentro, vivo. Eles vão lacrá-lo lá dentro.

J: *Talvez ele consiga encontrar a abertura do outro lado.*

A: Ele está fraco... vai se sufocar. Não vou ajudá-lo. Eu tenho um trabalho a fazer, preciso salvar este castelo.

J: *Quem está liderando agora?*

A: Os dois que o encontraram discutindo. Ambos estão assustados. Eles não são líderes como ele era.

J: *Talvez eles ainda achem que o castelo é assombrado.*
A: Eles não têm certeza. Parece estranho. Ele estava perfeitamente bem, mas depois enlouqueceu. E dizem que foi sua fraqueza, por ouvir os gritos das mulheres.
J: *Talvez, se você os convencer, eles pegarão todos e partem.*
A: Não, não vou falar com eles. Eles o ajudaram comigo. Colocaram partes do meu corpo em todo o castelo. E agora eu vou – eu vou ficar na frente da fogueira. Eles me vêem, eles estão olhando diretamente para mim. Eles ficaram mudos! Eles quase derrubam uns aos outros ao saírem da sala. Para onde quer que eles vão, eu os sigo. Ninguém pode me ver além deles, mesmo no pátio. Os cavalos sentem que estou aqui. Os cavalos sabem que algo está estranho. Eu lhes dou tapinhas e os acalmo. Os homens dizem aos outros que estão saindo para procurar meu pai, deixando-os sem nenhum líder. Eles não estão procurando meu pai; só querem sair do castelo. Eu irei junto com eles. Se eu os fizer ir para o norte, eles irão direto para o grupo de meu pai. Eu fico na estrada ao sul. ... Eles estão galopando para o norte agora. Para onde quer que olhem, eles me veem. Posso fazê-los ir para qualquer lado que eu quiser. Isso é divertido! É divertido fazer isso! Meu pai, ele ficará orgulhoso de mim quando souber. (Pausa) Olhe só para eles! Basta olhar para eles ali deitados.
J: *O que aconteceu?*
A: Eles caíram direto do penhasco! Eles galoparam com os cavalos penhasco abaixo. Não tenho tempo para falar com eles agora. Não sei se eles estão mortos. Estou voltando para o castelo. Vou salvar aquele castelo, até que meu pai chegue lá. Não tenho certeza de como farei isso; ainda há alguns lá dentro agora. Três já se foram. Por que, eu sei agora. Antes, eu não sabia quantos homens estavam aqui. (Orgulhosa) Agora eu sei!
J: *Quantos?*
A: Há mais 14 homens aqui.
J: *Mais quatorze para se livrar?*
A: Sim. Eles trancaram todas as mulheres no salão principal. Uma a uma, eles as levam para fora e as matam. Eu falo com a primeira, mas não tenho tempo para ficar. Peço a ela que fique. Ela é nova, não conhece esse espírito também. Ela está assustada, como eu estava e eu lhe digo que ela vai pegar o jeito. Peço a ela que fique aqui, converse com qualquer outra das mulheres que eles

matarem. Eu ficarei neste castelo. Ficarei neste castelo até que todos tenham ido embora. Farei com que eles partam um a um, ou todos juntos! Este é o castelo do meu tio!

J: *Por que eles estão matando as mulheres?*

A: Eles querem que elas lhes digam onde estão as coisas, quem é a ajuda, quem são os homens do lado do Earl. Algumas dessas mulheres nem sabem, e estão matando-as de qualquer maneira. (Com desgosto) Oh, eles são feras! São homens perversos, perversos.

J: *Há algum líder entre esses 14 homens?*

A: Eles estão apenas fazendo o que lhes foi dito antes de os outros partirem. Alguns deles não sabem que os outros foram embora. Se soubessem, se mandariam daqui, matando uns aos outros tentando descobrir quem seria o chefe.

J: *Talvez haja alguma maneira de mostrar a eles que foram embora.*

A: Eu quero assustá-los... mas não essas mulheres, essas pobres mulheres. Elas estão apavoradas.

J: *Como eles estão matando as mulheres?*

A: Eles cortam uma mão... depois um braço... eles simplesmente batem em algumas. Oh, é terrível! Tenho de impedi-los. Se eu ficar na frente deles, talvez eles fiquem com medo. Eles estão tentando fingir que não estão me vendo. Cada um está olhando para o outro. Engraçado!

J: *Você acha que eles estão vendo você?*

A: Eles estão me vendo! Eles estão tentando dizer que não me veem. Eles decidem sair daquela sala. Um por um, eles estão saindo... cada um. Um deles deve ficar e proteger essas mulheres. Eles lhe dizem, "Não mate outra mulher. Espere! Algo está estranho neste castelo". Há algo estranho. Eles não entendem. Ninguém vai colocar isso em palavras. Eles estão assustados, muito assustados. (Mais alto) Agora, agora eles deveriam estar assustados. Meu pai está chegando. Já é quase noite novamente. Ele vem a cavalo... eles pulam os muros e os homens estão no pátio do portão. Eles não podem vencer, estão cercados. Meu pai viu minha cabeça... sabia o que havia acontecido. Por que ele foi chamado de volta. Eles haviam pego os outros prisioneiros.

J: *Eles os matarão?*

A: Eles os fecharão na parede. Eles fazem isso com os prisioneiros. E sob o assoalho. Esse lugar... oh, muitos morreram aqui. Era o meu castelo; era meu, e eu o amava.
J: *Bem, seu pai voltou agora e...*
A: Estou falando com ele.
J: *Ele consegue ouvi-la?*
A: Ele está se esforçando muito. Ele está muito magoado por eu ter morrido. Estou tentando confortá-lo. Ele acha que a voz é a lembrança de mim, mas ele está ouvindo. Eu lhe digo que ficarei e protegerei o castelo.
J: *Por quanto tempo você vai ficar?*
A: Até o fim da luta. Acho que posso ficar até lá, espero assim. Ninguém deve tomar este castelo. Talvez eu não consiga ficar tanto tempo. Eu lhe digo para não se assustar, mas para me procurar na frente da lareira. Peço a ele que me ouça. Espero que ele me escute. Ele pode me ouvir agora, nossas mentes podem se encontrar completamente. Eles estão batendo na porta, interrompem seus pensamentos, ele se afasta. Não lhes conte. Eles não acreditarão em você!
J: *Não, eles não acreditarão nele.*

Johnny decidiu que era hora de sair dessa. O suficiente era o suficiente.

J: *Você vai ficar à deriva agora, Gretchen. À deriva...*
A: Eu vou ficar neste castelo! Tenho que ficar aqui! (Gritou) Não me chame de volta! Eu não quero ir embora. Não quero ir! Meu trabalho ainda não terminou! Vou ficar aqui!

Isso poderia ter sido um problema se não fosse tratado corretamente. Mas Johnny permaneceu calmo e no controle.

J: *Estamos nos afastando agora, Gretchen, à deriva e avançando no tempo. (Ele usou um tom de voz muito suave). A luta no castelo já acabou. Seu trabalho está feito. O castelo está bem protegido.*
A: Eles o chamam de "assombrado" agora.
J: *O castelo assombrado.*
A: Eles queimaram muito. As pedras estão lá. Algumas cederam quando os suportes foram queimados. É o meu castelo!

J: *O que você vai fazer agora, Gretchen?*
A: Preciso descansar. Eu fui muito forte. Por que eu tinha que ser assim? Eu deveria ser uma boa lutadora, mas não tão forte. Minha voz me diz... eu era muito corajosa. Eu tinha boas qualidades, mas não devo resistir à voz. Fiquei muito tempo lá e algumas coisas que fiz não estavam certas, enquanto fiquei lá. Eu disse que não sabia... mas talvez eu soubesse. É errado para mim ficar lá, e tento voltar agora, para assustar as pessoas que olham para ele. Eu simplesmente não quero que elas o incomodem. Ele deveria ter sido meu. E eu quero ser a Gretchen. Não posso deixá-la, não posso deixá-la ir. Preciso esperar muito tempo, e então vou me esquecer.

J: *A voz lhe disse isso?*
A: Sim. E para não voltar. Ela é muito paciente quando eu continuo voltando.

J: *Onde você está descansando?*
A: Bem, ele quer que eu volte... todo o caminho de volta. Eu não estava pronta para ser enviada ainda, talvez. Ele disse que eu era muito forte. Tenho de voltar todo o caminho para descansar. Comecei a chorar... e ele me prometeu que o castelo sempre estará lá. Ele apagará a memória, eu vou descansar. Eu voltarei. Quando eu voltar, eu poderei voltar, mas não a Gretchen. Estarei viva novamente, mas não devo ser tão forte. Meu espírito era muito forte.

J: *A voz lhe disse quando você voltará?*
A: Quando eu estiver descansada. E ele me diz que sou realmente um espírito perfeito. Aquela pessoa, os tempos, me tornaram muito forte. Esse é o problema, você se envolve. Você se torna essa pessoa. Meu espírito era tão forte. Eles me diziam que eu era forte e que podia fazer qualquer coisa porque eu era a Gretchen. E eu era - meu espírito acreditava neles. Nem mesmo a morte me deteve. Não é comum fazer isso. A maioria dos espíritos não são tão fortes. Eu serei uma pessoa diferente, muito mais branda, gentil.

J: *Estamos chegando perto da hora em que você voltará para a Terra?*
A: Tenho de descansar.

J: *Você sabe quem você será quando voltar?*
A: Uma mulher gentil, calma, pacífica. Estarei longe deste país, e sinto muito. Eu amava este país.

J: *Em que país você estará quando voltar?*
A: Estarei na Inglaterra. Prometeram-me que um dia voltarei para a Alemanha. Voltarei para lá. Não... Eu serei alemã um dia. (Observe que Anita agora tem ascendência alemã). Mas agora, preciso me afastar de toda a violência - longe de onde tudo isso aconteceu. (Pausa) Eu me lembro muito fracamente... (Ela estava se tornando mais fraca)... Eu me lembro... bem... não muito. Eu posso ficar em paz por um tempo e ser apenas um espírito.

Por mais surpreendente que possa parecer, quando Anita acordou, ela não teve nenhum efeito nocivo. Quando as pessoas ouvem a fita, elas supõem que deve ter sido muito difícil para ela, mas ela não se lembrava de nada e teve que ouvir o que disse. Mais tarde, quando ela ouviu a fita, disse que era como ouvir uma história, mas ela tinha uma imagem mental de uma garota com longas tranças loiras. Ela disse que se sentia muito próxima dessas supostas outras vidas, como se sentiria em relação a uma irmã, e não queria vê-las machucadas. Então concordamos em fazer tudo o que pudéssemos para proteger seus alter egos.

Quando as pessoas diziam a Johnny: "Parecia que você estava realmente lá (durante a sequência do castelo), ele sempre diz, com um brilho nos olhos,: "Talvez eu estivesse!"

A sequência a seguir é bastante complicada e consideramos omiti-la da história. Muitas das coisas que Anita falou eram estranhas e difíceis de aceitar em um primeiro momento. Depois, decidimos que o fato de não entendermos algo não significa necessariamente que ela não tem mérito. Isso também ilustrará como estávamos confusos muitas vezes.

Tínhamos acabado de terminar sua vida traumática como Gretchen e estávamos trazendo-a de volta à vida atual. Paramos na vida de Mary na Inglaterra para orientação e perguntamos o que ela estava fazendo.

A: (Parecia confusa) Estou observando, muitas coisas. Alguma coisa estranha. ... Será que vou ser sempre assim? ... Estou diferente.
J: *O que você está assistindo?*
A: Eu tenho uma vida ... mas eu a assisto!
J: *Você o quê?*

A: Eu assisto... Eu entro e saio... Eu vejo coisas... Eu me vejo, mas, eu sou...
J: Você é o quê?
A: Muito estranho! Eu não entendo isso!
J: Você voltou para a Terra?
A: Não tenho certeza se estou a observando ou se sou ela. ... (Confusa) Talvez você possa perguntar por mim.
J: (Ele tentou tranquilizá-la.) Acho que você é ela. Sim, você é ela. Você voltou para a Terra. Você tomou outra vida.
A: Estou observando de longe. ... Sinto sua felicidade.
J: Qual é o nome dela?
A: Não tenho certeza no momento. ... Estou observando atentamente... Preciso ter muito cuidado... observando.
J: O que a mulher está fazendo agora?
A: Ela é uma pessoa muito legal. Estou observando-a, e ... ela é bonita. Ela está escovando o cabelo. Ela está assustada por causa de mim. Ela também sente isso, como eu sinto... Eu falo com ela e ela fala comigo. É muito... ela gostaria que eu não tivesse feito isso.
J: Fazer o quê?
A: Eu falo com ela e ela gostaria de não me ouvir, mas sua mente é forte.
J: Qual é o nome dela?
A: Eu gostaria de poder chamá-la de outro nome. Não gosto do nome dela.
J: Qual é o nome dela?
A: Não tenho certeza. É um nome masculino, sonoro, como eles a chamam. Não gosto dele. Estou dizendo a ela para mudar o nome.
J: Mudar o nome dela?
A: Apenas diga a eles que é outra coisa. Não seja muito forte. Se eles lhe chamarem de um nome forte, talvez você fique como... a outra garota. Muito forte. Ela era muito forte, então não faça isso!

Isso também pode esclarecer uma parte de uma fita anterior que estava confusa. Ela supostamente era Mary na Inglaterra. Ela estava limpando a casa, mas estava agindo de forma perturbada, obviamente inquieta e com medo. Ela não parecia saber do que estava com medo. Quando Johnny lhe perguntou qual era seu nome, ela respondeu: "É Mary. Eu gosto desse nome. É um bom nome para se ter". No entanto, mais tarde, ela negou dizendo, "Eu não sou realmente Mary. Esse é o nome da minha irmã. Não sei por que eu disse isso. ... Estava doente... Fiquei doente neste inverno. Quero estar acordada e nunca mais voltar para a cama. ... Estou com muito medo hoje. Não entendo o que está acontecendo".

Como eu disse, é confuso e complicado. Se é possível para o espírito eterno falar consigo mesmo - talvez o subconsciente versus a mente consciente - talvez, de alguma forma, tenhamos entrado em ambos os lados da conversa. Já havíamos nos deparado com tantas coisas estranhas, que parece que nada está além do reino da especulação. Será que seu espírito estava tentando fazer com que ela mudasse seu nome verdadeiro porque ele tinha um som masculino e ela tinha que ser mansa e suave nesta vida como Mary. Ela tinha de ser o completo oposto de Gretchen? (Veja o próximo capítulo.) Em todas as outras ocasiões durante sua vida na Inglaterra, ela sempre se referiu a si mesma como Mary. Quando conversávamos com ela quando criança, não perguntávamos seu nome, apenas o tomávamos como certo.

Seja qual for a resposta, aparentemente tudo se resolveu e ela não voltou a se incomodar com nada disso.

Uma coisa única que era óbvia sobre as cinco vidas pelas quais Anita passou foi o fato de todas elas serem femininas. Quando mencionei isso a Anita, ela disse: "Bem, é claro! Eu sou mulher. Não poderia ser outra coisa". Naquela época, quando não sabíamos nada sobre reencarnação, essa parecia ser uma explicação lógica. Mas nos anos que se seguiram e milhares de casos depois, percebo que temos de ser homem e mulher muitas e muitas vezes. Temos de ser equilibrados, portanto, não podemos continuar voltando para aprender nossas lições com o mesmo sexo. Temos de saber como é experienciar os dois pontos de vista. Então, por que as vidas de Anita eram todas femininas?

Ao examiná-las, encontrei o que acredito ser a resposta. Ela disse que a vida de Gretchen foi sua primeira vida na Terra, e foi descoberto que ela provavelmente foi enviada cedo demais. Ela ainda não estava pronta para experimentar a vida como humana. A vida de Gretchen foi de uma mulher de personalidade muito forte. A época e a cultura a tornaram muito forte, de modo que nem mesmo a morte a deteve. Mesmo em seu estado espiritual, ela fazia coisas que iam contra as regras. Finalmente, foi decidido colocá-la em um local de descanso para apagar as memórias, para que ela pudesse funcionar como um ser humano normal. E foram necessários centenas de (nossos) anos para apagar as memórias. Portanto, quando ela finalmente pôde voltar, teve de ser como uma mulher mansa e de maneiras suaves. O total oposto da forte Gretchen. Cada vida depois disso foi um tipo diferente de mulher. Posso ver agora que, se ela tivesse tido permissão para reencarnar como homem, as tendências fortes teriam se multiplicado, e isso não poderia ser permitido. Isso teria sido mais difícil neutralizá-las e equilibrá-las. Talvez em uma vida futura ela esteja pronta para experimentar ser um homem, depois que seu espírito tenha sido condicionado e preparado para lidar com essas qualidades de forma controlável.

Capítulo 10
Um espírito criado

Durante a sessão seguinte, ocorreu um incidente ainda mais estranho quando surgiu uma entidade estranha. Decidimos tentar ver até que ponto Anita poderia voltar no tempo. Queríamos descobrir quantas vidas ela tinha vivido. Esperávamos voltar muito mais longe do que conseguimos. A primeira vida de Anita parece ter sido em 1300, início do século XIV, como Gretchen na Alemanha.

Já havíamos conversado com ela antes, como uma forma espiritual, quando ela estava entre vidas, mas dessa vez foi diferente. A partir do momento em que essa nova entidade começou a falar, sabíamos que havia algo incomum nela. Nós a chamamos de Espírito Perfeito. Ele tinha algo que é muito difícil de descrever: uma qualidade etérea, assombrosa, de outro mundo, que era, ao mesmo tempo, inspiradora e impressionante. O impacto total só pode ser sentido ao ouvir a fita. A voz tem uma qualidade própria, com um inglês perfeito e cuidadosamente pronunciado, falado em um tom que sugere realeza. Outros também sentiram isso, que havia algo que definitivamente não era deste mundo. Isso nos deu a sensação de que estávamos nos dirigindo a alguém tão avançado que ela tinha as respostas para tudo. Ela parecia possuir todo o conhecimento.

Depois de refletir e, provavelmente, com a consulta de outras pessoas mais instruídas do que nós, poderíamos ter pensado em perguntas mais profundas. Mas ela foi uma surpresa total e só pudemos perguntar o que pensávamos no momento. Tudo o que poderíamos pensar em perguntar em tal circunstância certamente pareceria trivial. Esse é um dos problemas da hipnose regressiva: quando você regride uma pessoa, nunca sabe em que período de tempo ela entrará. Somente mais tarde você poderá estar preparado para fazer perguntas aprofundadas, depois de muita pesquisa.

Mas, infelizmente, esse belo espírito nunca mais foi encontrado. Fomos permitidos, por alguns breves momentos, ter um vislumbre de um espírito em sua formação, em seu estado inicial? Não sabíamos o que havíamos encontrado na época, e ainda não sabemos. Mas o que vimos foi lindo e maravilhoso.

Só espero que alguns dos sentimentos que ela gerou em nós possam ser transmitidos em um meio tão pobre como a palavra escrita.

J: *Muito bem, Gretchen, vou contar até três e vamos para o ano de 1250. (Contou) É o ano de 1250. O que você está fazendo?*
A: Sou um espírito.
J: *O que você vê?*
A: Vejo apenas o que há aqui que é bom. Eu nunca estive na Terra.

Johnny aparentemente não entendeu o que ela disse ou não estava preparado para sua resposta.

J: *Ah, você acabou de chegar à Terra?*
A: Eu nunca estive lá. Pergunte o que quiser. O que eu sei, eu posso lhe dizer. O que não sei, não é revelado, não aprendi. Não posso ajudá-lo, meu filho. Como espírito, estou feliz aqui.

A voz ficou cheia de autoridade, o inglês puro e preciso. Essa personalidade parecia saber exatamente o que estava dizendo, e parecia muito superior. Mas Johnny ainda não entendia.

J: *E você acabou de voltar para a Terra?*
A: Eu nunca estive na Terra, meu filho. Você deve ter estado, porque me disseram que quando você vai, perde o conhecimento. Eu serei paciente com você.
J: *Obrigado.*

Johnny hesitou enquanto tentava entender o que estava acontecendo.

A: Sou gentil e bom. Tenho todas as virtudes.
J: *Há quanto tempo você está aqui no espírito?*
A: Desde que fui criado. Não conto os anos. Eu fui criado.
J: *E você sabe onde foi criado?*
A: Eu sei - Você quer dizer um nome? Um nome para este lugar?
J: *Como você chama esse lugar?*

A: Não preciso chamá-lo de nada. Eu simplesmente sei que estou aqui, que tudo está bem. Tenho o que preciso. Eu sei o que sei e farei o que me for pedido. Mas você pode chamar qualquer palavra que seja boa. Isso será aceitável para mim.
J: Ok. Vou contar até três e vamos voltar ao ano de 1150. (Contou) É o ano de 1150. O que você está fazendo?

Johnny não percebeu que ela havia chegado ao início, no que lhe dizia respeito, e não iria mais longe.

A: Eu fui criado e estou esperando. Agora conheço a bondade. Eu fui criado para agradar o criador, e meu espírito é bom, somente bondoso. Não há maldade em mim.
J: Há quanto tempo você foi criado?
A: Não há tempo aqui. Não há tempo aqui. Desde o início do tempo eu fui criado.
J: E você está esperando aqui desde que foi criado?
A: Tenho desfrutado de muita felicidade aqui.
J: Você nunca foi enviado ou chamado à Terra ou a qualquer outro lugar na forma de um corpo?
A: Não, não.
J: Mas você acha que um dia será?
A: Todos nós fomos criados para agradar o criador e vamos lá e ajudar. O pobre, pobre Pai está tão desapontado com a família que ele mesmo criou.
J: Você já viu o Pai?
A: Eu vi meu criador.
J: Você já conversou com seu criador?
A: Ele falou com todos nós.
J: Você pode descrevê-lo para mim?
A: Você consegue entender um espírito?
J: Vou tentar.
A: É a leveza. É a aura da bondade. Ele pode se materializar a qualquer momento e em qualquer coisa que ele queira. E o criador pode tocar em algo e é o que ele diz. Foi assim que eu fui criado. Ele pegou um pouco de bondade e eu fui criado. E eu sou todo bom, e eu o agrado agora. E um dia irei embora, aprenderei e ajudarei as pessoas da Terra, a família. Estarei lá muitas vezes; ele me disse isso. Todos nós devemos ir, pois apenas um certo número de

espíritos é criado, e nós vivemos muitas e muitas vezes. Na Terra, aprendemos coisas ruins e as desaprendemos. Você volta puro e bom.

J: *O pai, o criador, criou tudo na Terra?*

A: Ele criou a própria Terra.

J: *E ele colocou tudo nela?*

A: Tudo o que existe na Terra ele criou. Ele criou a Terra e mais.

J: *Diga-me, ele criou outros mundos além da Terra?*

A: Claro, claro; ele criou nosso sol. Ele criou a lua. Criou todos os planetas ao redor dela. Cada um tem sua própria forma de vida, seus próprios espíritos. Somente a Terra está tão perturbada que ele nos pediu para ir e ajudar, e devemos ajudar as pessoas de lá. Ele as criou. Ele sabia que, ao criá-las, elas não fariam o que ele pedisse, mas sentiu-se compelido, em sua bondade, ao mais belo de todos os planetas, dar-lhe pessoas. Um animal com conhecimento, e ele sabia que eles não usariam esse conhecimento corretamente. Embora ele tente ajudá-las, as pessoas rejeitam a crença.

J: *E ele criou e colocou as pessoas neste planeta Terra. Será que ele criou e colocou pessoas em outros planetas?*

A: Não as pessoas como conhecemos em um corpo humano, como as que terei na Terra. Mas para cada planeta, o mais adequado que ele possa ter criado lá. Para os planetas que estão próximos do sol, ele criou espíritos de fogo que podem viver no calor, e seus corpos são diferentes dos humanos. Para os que estão mais distantes do sol, corpos que podem viver sem calor. A Terra é sua favorita.

J: *E o Pai - alguma vez colocou um filho na Terra?*

A: O Pai, como eu lhe disse, materializa à vontade o que ele deseja que seja materializado. E assim foi; ele tentou ajudar a Terra.

J: *Ele mesmo foi à Terra como Jesus?*

A: Uma parte de si mesmo. Ele era um, mas se tornou dois e tentou ajudar. Isso foi há muitos anos. E as pessoas na época, assim como sempre fizeram antes e sempre farão, rejeitaram a ajuda. A impaciência do criador é microscópica, tão pequena é sua impaciência, que ele continua tentando. Ele continuará tentando até... até o fim.

J: *Até o fim? Quando é o fim?*

A: Oh, muito, muito no futuro. Quando chegar o dia em que ele terá de viver na Terra, ou então tirar todas as pessoas da Terra. Não tenho certeza. Ele tentou de todas as formas revelar a eles, mas eles não aceitam a revelação. Um dia tudo isso acabará, mas será daqui a muitos milhões de anos. Não será tão cedo. Ele continuará tentando. E ele mesmo voltará algum dia, como fez na primeira vez.

J: Mas você não sabe quando ele voltará?

A: Não sei a hora exata.

J: Você sabe quando ele está planejando voltar?

A: Eu sei o século. Vai acontecer no século 21, ele se enviará, mas não da mesma maneira que antes. Mas ele aparecerá e dirá: "Eu sou Deus!" E ele será rejeitado como antes.

J: Você quer dizer que as pessoas simplesmente não o aceitarão?

A: Algumas, assim como algumas o aceitaram antes.

J: Ele aparecerá em forma humana?

A: Ele aparecerá primeiro como um espírito, creio eu. E ele se materializará diante de seus olhos.

J: Ele se materializará e depois assumirá a forma humana a partir do espírito?

A: Correto, correto.

J: Ele terá um nome que não seja Deus?

A: Ele será Deus. Ele se chamará assim porque é assim que as pessoas o chamaram, e elas reconhecerão isso em suas religiões.

J: Ele terá a mesma aparência na forma humana que tinha na primeira vez que esteve aqui?

A: Não. Ele apareceu para eles como as pessoas apareciam naquela época. Ele não virá como um homem idoso com uma barba esvoaçante, como as pessoas imaginam Deus. Ele aparecerá para eles como um ser humano muito comum. E eles explicarão sua grandeza como faziam antes.

J: E ele vai descer aqui... mas isso não é o fim do mundo.

A: Esse não é o fim do qual eles falam, não. Ele tenta muitas vezes. Como eu lhe disse, sua paciência é grande. Ele não tem impaciência com os espíritos. Quando estamos errados, ele nos deixa fazer o que está errado. E quando voltamos, ele fala conosco e nos diz que estávamos errados. Agora temos de voltar e aprender. Nós não devemos fazer isso novamente. Fomos criados bons e precisamos aprender o bem. Seremos bons. Seremos como ele é - como eu sou agora.

J: Estou entendendo. Deus já falou sobre o demônio ou o mal?

A: Sei que na Terra as pessoas temem um mal. Elas o chamam de demônio - Satanás. O que elas ouvem é apenas egoísmo, e cada homem, cada mulher, tem isso em seu coração. Esse é o demônio e cada homem o vê de forma diferente. A igreja tem feito muito para criar essa ilusão, mas é apenas uma ilusão.

J: *Mas a igreja está lá representando Deus.*

A: Ela deve falar com as pessoas em termos que elas possam entender e compreender. Elas não conseguem entender como podem ser Deus e ser o demônio ao mesmo tempo. O conflito humano é muito difícil para suas mentes aceitarem. Portanto, se for explicado de forma simples: Há um Deus que quer que você faça o bem e ele o ajudará. E se lhe disserem: Existe um demônio, e ele fará com que você faça o mal. É muito mais fácil, muito mais fácil.

J: *Então não existem espíritos malignos?*

A: Existem espíritos que são egoístas, e isso é ruim. Existem espíritos que são ciumentos - isso é mau. A maioria desses espíritos, quando o Pai os recebe novamente e eles retornam ao nosso lugar de descanso, se não puderem ser purificados, ele os envia para um lugar diferente. Ele os mantém longe das pessoas das quais está se esforçando muito para tornar boas.

J: *Você sabe para onde ele envia esses espíritos?*

A: Em termos que você entenda, não posso lhe explicar. É longe; é no espaço. Um lugar onde eles não podem prejudicar ninguém – somente sua maldade, machucando ao outro.

Seria esse o equivalente ao inferno bíblico?

J: *Mas é muito longe no espaço?*

A: É diferente do nosso sistema solar, como você o está observando aqui comigo agora.

De onde ela poderia estar falando e de que ponto de vista?

J: *Nosso sistema solar é uma parte de muitos sistemas solares, não é?*
A: Ah, sim. Você está compreendendo e aprendendo rapidamente. Este é um deles.
J: *Deus... uh... tem todos os sistemas solares?*
A: Não, não.

J: Apenas esse sistema solar?
A: Esse sistema é dele e ele tem outros, mas não todos.
J: Não todos?
A: Não. Ele controla tanta coisa, a mente humana, até mesmo a minha mente, ele me disse, mesmo agora mal consegue aceitar a grande extensão, a magnificência dele.
J: Então, em outros sistemas solares, sob outros deuses... há provavelmente outros humanos também, como aqui na Terra?
A: Nosso Deus criou os humanos, mas tenho certeza de que outros deuses poderiam criar outros seres humanos em sua forma ou próprio em condições adaptáveis. Você deve entender que a Terra é única porque a Terra exige um certo tipo de humano, um certo tipo de espírito. Cada planeta tem sua própria vida, cada um tem o que precisa. Somente Deus, em sua grandeza conhece cada necessidade. Ele sabe que cuidará de tudo.

Tudo isso não era apenas perturbador, era confuso. Johnny e eu estávamos sendo bombardeados por informações às quais nunca havíamos sido expostos antes. Estava na hora de voltarmos a um terreno mais confortável, como as várias vidas passadas. Johnny decidiu se retirar.

J: Ok... Vou contar. Vamos ver, estamos muito atrás no tempo. Quando é: 1250, 1150?
A: Você pode chamá-lo do ano que quiser. Para mim não existe tempo. Não há tempo. O tempo é para os humanos.
J: Mas, em algum momento no futuro, você será chamado para ir à Terra?
A: Tenho certeza de que sim. Por enquanto, em minha forma, sou bom. E cada novo espírito que chega à Terra é bondade pura e precisa aprender sobre todas as coisas que existem lá. Eu fui um espírito criado para a Terra.

É compreensível que, depois dessa experiência um tanto abaladora, tenhamos nos perguntado como Anita reagiria quando fosse trazida para o tempo presente e despertasse. A primeira coisa que ela fez foi bocejar e espreguiçar-se, e perguntar: "Que tal uma xícara de café? Estou com sede". O contraste foi tão dramático que caímos na gargalhada. É claro, Anita não tinha como saber o que era tão engraçado. Ela não se lembrava de nada do que havia dito e tinha tido um sono agradável. Durante uma xícara de café na mesa da cozinha, começamos a contar a ela o que tinha acabado de acontecer. Ela ficou completamente atônita. Isso certamente não era a doutrina da Igreja Católica na qual ela havia sido educada e foi demais para ela aceitar. Era muito difícil para ela aceitar que havia dito tudo aquilo. Ela disse que era muita coisa de uma vez e que queria tempo para se acostumar com isso aos poucos. Então ela perguntou a Johnny se ele poderia submetê-la novamente e apagar a memória do que havíamos lhe dito, para que ela não se preocupasse com isso. Isso foi feito antes de ela ir embora.

Mas quando Anita chegou na semana seguinte para a sessão regular, ela nos disse que havia sido incomodada durante toda a semana. Ela sabia que a memória da última fita havia sido apagada por algum motivo. Ela ficava pensando que a fita poderia conter algo muito ruim ou terrível, se ela não quisesse se lembrar. Durante toda a semana, ela se perguntou o que era. Eu disse que ela poderia voltar na noite seguinte e ouvir a fita que a incomodava. Dessa forma, ela poderia ver por si mesma que não havia nada a temer, ou nada de ruim. Tinha sido apenas o tipo diferente de teologia que a havia perturbado.

Então, ela veio na noite seguinte e eu reproduzi a gravação para ela pudesse se tranquilizar. Ela então aceitou o que havia dito sem confusão e nunca mais foi incomodada dessa forma em outras sessões.

Capítulo 11
A vida como um espírito

Toda vez que Johnny fazia Anita regredir em suas várias vidas, ela se deparava com vários incidentes ocorridos quando ela era um espírito no chamado estado "morto". Nesse estado "entre vidas", ela sempre dizia que havia momentos em que você era chamado para fazer coisas. Que a voz lhe dizia para ir a lugares, e você não poderia se recusar a fazê-lo. Naturalmente, ficamos curiosos para saber que tipo de coisas ela teria de fazer. Então, de tempos em tempos, pedíamos que ela nos dissesse quais eram essas tarefas. Eu achava que seria uma leitura melhor se elas estivessem todas juntas em um capítulo, em vez de estarem espalhadas pela narrativa.

Ouvimos falar de anjos da guarda durante toda a nossa vida. Eu sempre tive a ideia de que cada um de nós tinha um que era especialmente designado para nós. Talvez isso seja verdade, mas também parece que nossas investigações, que qualquer espírito que não esteja ocupado em um determinado momento de necessidade pode ser convocado pela "voz". Certamente, os trabalhos que Anita disse ter sido chamada a fazer, sugerem muito bem àqueles normalmente associados aos anjos da guarda. Seja qual for a resposta, acho que é muito reconfortante saber que essas entidades estão por perto.

A seguir, uma amostra do que é ser um espírito, de acordo com Anita. Pessoalmente, acho que é muito mais satisfatório estar fazendo algo assim depois de morrer do que flutuar em uma nuvem tocando harpa por toda a eternidade.

J: Estamos no ano de 1810. O que você está fazendo?
A: Estou apenas à deriva, fazendo o que posso. Já estive em vários
   lugares neste país. Gosto mais daqui.
J: Onde você está agora?
A: Em Nova York e Boston, mais ou menos de um lado para o outro.
   Eu gosto de estar aqui.
J: E você disse que já esteve em outras partes do país?

A: Sim, estou indo a todos os lugares e vendo pessoas diferentes e estranhas morando aqui.

J: Em que partes do país estão essas pessoas estranhas?

A: Acho que eu estava quase no meio do país quando me tornei um espírito. Não tenho certeza. Fui para o oeste por um longo caminho. Logo, cruzei o rio. Não sei se eles o chamam de mesmo país ou não. Se não chamam, logo chamarão. E há pessoas vivendo lá que são muito diferentes. Elas são basicamente boas, mas são selvagens. Eles não entendem muitas coisas. Fiquei observando lá por um tempo.

J: Você observou onde eles estavam vivendo?

A: Sim.

J: Em que eles moravam?

A: São construções de aparência estranha. Pueblos, acho que são chamados. Pessoas muito estranhas.

J: Eram feitas de madeira?

A: Não. Há algumas nos suportes, mas são como que feitas de terra e fortes, quase como um tijolo. Suavizados.

J: Você diz que essas pessoas são selvagens?

A: Bem, algumas coisas que eles fazem são diferentes das pessoas que vivem ali, do outro lado do rio.

Ela estava obviamente se referindo ao Mississippi. Ela falou dele quase como uma linha divisória.

J: Diga-me quais são as diferenças.

A: Bem, eles têm uma aparência diferente, vestem-se de maneira diferente, falam um idioma diferente.

J: Como eles se vestem?

A: Bem, eles não usam quase nada.

J: Eles não usam roupas?

A: Ah, bem, você sabe. Eles se cobrem um pouco. Mas não usam roupas como lá. É claro que é muito quente. E eles caçam e matam animais. Foi uma experiência estranha observar essas pessoas. Eu nunca, nunca havia entendido algo assim antes. Fui enviado para lá e, quando os observei por um tempo, fiquei com medo. Eu não queria ter nascido lá.

J: Você foi enviado para lá. Você acha que deveria ter nascido lá?

A: Não. Fui enviado para lá para ajudar. Descobri isso, mas fiquei com medo no início. Eu teria medo de ser como aquelas pessoas. Elas são violentas às vezes. (Observe o velho medo da violência). Mas eu tinha de ajudar alguém. Esse homem - estava caçando e estava ferido. Ele tentou matar um animal, mas o animal correu em sua direção. E eu o tirei do caminho. Então, parei o animal. Ele estava ferido e ia morrer logo. Ele fez um último ataque contra ele, e eu o detive. Ele ficou surpreso e... uma coisa sobre essas pessoas: elas acreditam em espíritos.

J: Ele meio que sabe o que deteve o animal, então?

A: Acho que sim. Ele disse ao seu povo que o Grande Espírito o deteve. É claro que não sou um grande espírito, mas ele lhes disse que o Grande Espírito estendeu a mão e o deteve, e foi exatamente assim que fiz. Estendi minha mão e enviei a mensagem para que parasse, e ele parou e caiu morto antes de chegar perto de mim. Acho que o que realmente o fez pensar que era o Grande Espírito foi o fato de eu ter que fazê-lo recuar. Fiz com que ele pulasse para trás. Ele havia se machucado e não conseguia andar e, de repente, deu um pulo para trás. Isso o assustou no início. E eu o ajudei. Eu lhe disse o que fazer com sua perna.

J: Ele entendeu o que você disse?

A: Bem, quando ele voltou, eles acharam estranha a maneira como ele havia enfaixado a perna e tudo mais. Mas ele disse que uma voz lhe falou para fazer isso. Acho que ele me ouviu. Ele fez exatamente o que eu lhe disse. Ele disse que foi o Grande Espírito que o ajudou, e agora eles acham que ele é, talvez, abençoado. Eles acham que o espírito vai falar com ele.

J: Esse era um homem mais velho?

A: Não, essa é uma das razões pelas quais eu o ajudei. Ele ainda é muito jovem; ele tem outras coisas para fazer. Ele não pode morrer agora.

J: E uma voz lhe disse para ir ajudá-lo?

A: Sim, nós fazemos isso. Às vezes as situações ficam muito complicadas, e as pessoas se metem em confusões muito ruins. Elas precisam de ajuda. Às vezes, não há nada que um mortal possa fazer para tirá-las da situação em que se encontram. Nós simplesmente temos que intervir.

J: Quando você ajuda as pessoas e conversa com elas, elas sempre escutam você?

A: Não, não. Muitas vezes elas não querem ouvir. Mesmo quando estão se concentrando ao máximo em um problema e tentando mesmo encontrar uma saída. Você tenta falar com elas e elas simplesmente não conseguem acreditar. E, às vezes, assim como aconteceu com aquele nativo americano, eu tinha que simplesmente fazê-lo se mexer. Às vezes, eles simplesmente fazem coisas e não conseguem se conter ou acham que não conseguem.

J: Mas você foi instruído a fazer isso?

A: Nos dizem o que fazer. Nós simplesmente sabemos.

J: *Estamos no ano de 1933. O que você fez recentemente, June?*

A: Bem, eu estava cuidando de um garoto, ajudando-o.

J: *Porque, ele estava doente?*

A: Ele estava doente e fugiu de casa. Eu tive de levá-lo para casa, é claro.

J: *Onde ele morava, lá em Chicago?*

A: Oh, não. Isso foi no Tennessee. Era uma cidadezinha nas colinas. O garotinho fugiu e pegou um resfriado por estar na rua. Eu o ajudei.

J: *Ele não conseguiu encontrar o caminho de volta para casa?*

A: Não, ele estava muito assustado. Era um menino muito bom. Estava muito frio, não estava nevando, mas quase. Ele teria pego pneumonia.

J: *Ele tinha alguma roupa pesada para se aquecer?*

A: Não, ele saiu correndo naquele dia e estava bem quente. Ele foi para a floresta para que não o encontrassem e se perdeu.

J: *Você conseguiu trazer o menino de volta?*

A: Oh, sim.

J: *Os pais dele ficaram felizes em vê-lo?*

A: Sim.

J: *Aposto que ele não foge mais de casa.*

A: Não até que o tempo fique quente. Acho que ele vai fugir de novo. Ele é uma criança com uma mente muito forte.

J: *Qual é o nome do garoto?*

A: Jimmy. Não sei o sobrenome dele. Quando cheguei lá, a mãe dele estava chorando pelo Jimmy, então eu sabia que era esse o nome dele.

J: *Estamos no ano de 1930. O que está fazendo?*
A: Estou esperando que algo aconteça.
J: *Você sabe o que vai acontecer?*
A: Algo vai acontecer em alguns minutos. Eu tenho que estar aqui.
J: *Você tem que fazer alguma coisa?*
A: Sim, tenho que ajudar essas crianças.
J: *Onde você está?*
A: Estou à beira do rio. Acho que é o rio Missouri.
J: *Você está em uma cidade?*
A: Não, é no campo.
J: *Você está perto de uma cidade?*
A: Sim. Acho que... Atchinson. Esse é o nome.
J: *O que vai acontecer lá no rio?*
A: Um garotinho vai cair no rio... e o outro garotinho vai ter que salvá-lo. Eu tenho que ajudá-lo. O rio é muito fundo aqui e há muita correnteza. Esse garotinho não é muito forte. Vou ajudá-lo a salvar seu amigo.
J: *O que as crianças estão fazendo lá fora, perto do rio?*
A: Estão pescando.
J: *Só eles dois?*
A: Sim. Elas não deveriam estar aqui. Deveriam estar na escola. Eles estavam com fome, queriam comer alguma coisa e acharam que poderiam pegar um peixe para o jantar.
J: *Eles são irmãos?*
A: Não, acho que são primos. São muito amigos, mas são parentes.
J: *Eles moram na mesma casa?*
A: Sim, moram.
J: *E um dos meninos vai cair na água. O que ele faz - Pega um peixe que o puxa para dentro?*
A: A margem é íngreme. Ele escorrega. O outro garoto fica com medo. Eu vou ajudá-lo a não ficar com medo.
J: *Ele sabe nadar?*
A: Não. É por isso que tenho de ajudá-lo. Ele não sabe como fazer isso.
J: *Quantos anos têm esses meninos?*

A: Acho que são muito jovens, talvez dez ou doze anos, crianças muito jovens. Vou ajudá-los. Está vendo como ele nada bem? Eles nunca saberão.

J: Tudo o que ele saberá é que fez isso.

A: É muito engraçado. Eu gosto desse garoto.

J: Você sabe o que ele vai fazer quando crescer?

A: Não. Acho que ele vai crescer e se tornar um fazendeiro. Eu gostaria de fazer algo por ele. Acho que vou fazer com que ele sempre saiba nadar. De agora em diante, ele sempre saberá. Não farei com que ele se esqueça de como fez isso. Ele saberá nadar. Ele vai gostar disso.

J: Aposto que o outro garoto estava muito assustado.

A: Ele sabia que o outro menino não sabia nadar. Ele não sabia mesmo. Eles vão rir disso a vida inteira. Como ele não sabia nadar, simplesmente pulou e nadou. E depois disso ele sempre soube nadar muito bem, eles dirão. Eles são bons garotos. Isso é muito difícil para suas famílias pois são pobres. Eles estavam tentando ajudar. É por isso que estavam pescando. A família deles está com fome.

J: A família deles mora por ali em uma fazenda?

A: Sim. Eles queriam comer alguma coisa. Era só isso que eles queriam fazer.

J: Vamos ver. É Atchinson, a próxima cidade grande rio acima?

A: É essa mesmo; fica no rio.

J: E estamos em... que estado é esse, Missouri?

A: Não, estamos no Kansas. Aqui é muito plano.

J: Há muitas terras agrícolas ao redor?

A: Muito aqui.

Olhei em um mapa para ver se Atchinson, Kansas, estava localizada em um rio. Ela estava certa, pois fica no rio Missouri.

J: Suponho que você nunca tenha sido chamado para ajudar pessoas más, não é?

A: Oh, sim.

J: Você ajudou alguém?

A: Bem, às vezes as pessoas passam por diferentes estágios em suas vidas. Às vezes, passam por um período em que são muito ruins, depois mudam. Às vezes, são muito boas, depois mudam e se tornam ruins. Mas se for necessário, nós os ajudamos, se ainda não chegou a hora deles. Às vezes, nós os ajudamos na doença, ajudamos a fazer as coisas. Ajudei um homem que era ruim uma vez.

J: Como você o ajudou?

A: Bem, ele era um homem muito perverso, mau, mas... ele deve ter muita bondade dentro dele. Porque um cavalo fugiu e iria atropelar uma garotinha na rua. Ele se jogou para jogá-la de volta. E quando ele a agarrou e a jogou para trás, ele caiu e o casco do cavalo o chutou na cabeça. As pessoas achavam que ele iria morrer e muitas delas ficaram contentes. Mas eu fui enviado para ajudá-lo. Como ele havia feito algo bom, isso mudaria sua vida. E depois disso, toda a sua vida mudou. Ele sabia que era como um milagre, como ele dizia, o fato de ter ficado bom. E ele mudou, ele começou a sentir que havia uma razão, talvez, para ele ter ficado bom. A única vez que algo de bom lhe acontecia era logo após ter feito algo bom, então ele começou a mudar.

J: Você diz que ele era um homem ruim, perverso? O que ele fez de ruim?

A: Bem, ele havia roubado dinheiro. Ele havia matado algumas pessoas, inclusive, e se safou com isso. A lei não o havia pego e nem provado nada. Ele enganava muitas pessoas. Acho que é isso, ele joga e trapaceia. Uma vez, ele tomou terras e todo o resto de um homem. E o homem disse que o jogo não estava certo. Ele atirou no homem, simplesmente deu um tiro. Mas, mais tarde, depois que alguém o ajudou, ele começou a mudar e se arrependeu muito do que havia feito. Ele se mudou, mas antes de ir embora, deu seu dinheiro ao pastor da cidade para construir uma igreja. A pequena cidade ainda não tinha uma igreja. As pessoas achavam que o fato de ter levado um chute na cabeça o fez enlouquecer. Achavam que era muito estranho que esse homem, que tinha uma reputação tão ruim e tivesse feito tantas coisas ruins, mudasse de repente. Conversei com ele enquanto estava doente. Fazemos isso às vezes quando uma pessoa está doente. Tentamos ajudá-la. Então, ela conversa conosco. Parece que é mais fácil para a pessoa nesse momento. Às vezes, ela não se lembra disso quando fica boa, às vezes sim. Mas nós podemos lhes dizer como ajudar a si próprios. Mesmo às vezes, quando não se lembram de ter falado conosco mais tarde, eles se lembram do que lhes dissemos. Isso é o mais importante.

J: *Você diz que eles estão doentes e diz a eles como ajudarem a si mesmos? Bem, como foi isso? Você diz que esse homem levou um chute na cabeça. Como ele poderia se ajudar com o ferimento?*

A: A cabeça dele estava machucada e eu pude simplesmente colocar minhas mãos sobre ele...

J: *Então você consertou a cabeça dele. Quero dizer, você não disse a ele como consertar ele mesmo.*

A: Não. Eu conversei com ele. Ele estava fora de si quando fui até lá. As pessoas achavam que ele estava delirando e, quando saíam da sala, eu conversava com ele. E coloquei minhas mãos sobre ele... tirei a pressão do cérebro. O osso estava um pouco rachado e havia um pequeno coágulo de sangue se formando ali. Eu o removi. E então, eu lhe disse que ele iria descansar e dormir por quase 48 horas. Quando ele acordasse, estaria perfeitamente normal. E conversei com ele sobre as coisas que ele havia feito. Ele me ouviu.

J: *Você o fez olhar para trás e ver o que ele estava fazendo?*

A: Sim. Eu o coloquei ao seu e ao meu lado, e nós olhamos para trás, para algumas das coisas que ele havia feito. E ele chorou, e se arrependeu muito. Então, coloquei seu espírito de volta em seu corpo e consertei sua mente. Ele podia continuar; foi isso que o mudou. Não foi nada que o médico tenha feito, porque eles não podem fazer nada para isso. O coágulo de sangue estava se formando ali, e eles não sabiam o que fazer. Eles nem sequer conseguem vê-lo. Muitas vezes, esses médicos nem sabem que ele está lá.

J: *Mas você vê isso ou é informado a você?*

A: Bem, me disseram que ele estava machucado e precisava de ajuda.

J: *Quero dizer, o coágulo de sangue ...*

A: E quando olhei para ele, pude ver o que estava acontecendo. Eu sabia que se colocasse minha mão sobre o coágulo, ele se curaria. Eu nunca tinha feito isso antes, mas ...

J: *Disseram-lhe que você pode fazer isso?*

A: Sim, eu posso. Parece que quase todo dia descubro algo diferente que posso fazer.

J: *Rapaz, há muito o que aprender.*

A: Há muito o que aprender, é verdade. Você verá.

J: Todos os espíritos são capazes de fazer isso?
A: Quando é necessário para eles... Eu acho que sim. Acho que todos eles podem. Todos com quem conversei conseguem. Todos com quem eles conversaram conseguem. É apenas uma questão muito ... Acho que é da natureza dos espíritos fazer essas coisas. Nós devemos fazer.

O incidente seguinte foi incomum porque, apesar de nunca ter sido instruída a fazer isso, Anita voltou ao mesmo evento em três ocasiões diferentes. Ela contou basicamente a mesma história todas as vezes, embora com palavras diferentes. Combinei-as aqui em uma só.

J: Estamos no ano de 1810. O que você vê?
A: Uma cidade. Alguns edifícios.
J: O que você está fazendo?
A: Estou esperando por algo.
J: Você está esperando há muito tempo?
A: Oh, eu realmente não sei. Não consigo ver as horas como antes.
J: Onde você está?
A: Estou aqui, em Nova York. Estou esperando que algo aconteça. Algo acontecerá em breve. Algo ruim. Quando isso acontecer, eu ajudarei.
J: Estamos no ano de 1810? Em que mês e dia estamos?
A: Estamos em março... 18 de março.
J: E você não sabe o que vai acontecer?
A: Logo vai começar a nevar. E vai ficar cada vez pior. E uma criança ficará assustada, muito assustada. Sim, eu vou ajudar uma garotinha, acho que é isso. Eu a estou observando há algum tempo. Ela é uma menina muito boa, muito gentil.
J: O que ela está fazendo?
A: Bem, ela mora em uma fazenda. Não é tanto o que ela está fazendo agora. Ela está ... antes de morrer, ela vai ser importante. Ela vai fazer algumas coisas e ajudar muitas pessoas aqui na cidade. Tudo isso foi planejado. Ela vai estar em perigo. Eu vou ter que salvar sua vida para que ela não morra. Ela ficará assustada, muito assustada. E eu a ajudarei a voltar para casa.
J: Como você sabe que esse perigo está chegando?

A: Nós sabemos quando as coisas vão acontecer. Às vezes, quando chegamos a um lugar e ficamos observando por algum tempo, você sabe. E eu sabia que, quando vi essa garotinha, era ela que eu tinha de salvar. E quando olhei para ela, vi todas as coisas que ela fará em sua vida.
J: Você sabe o nome dessa menina?
A: Não, não sei. Acho que posso descobrir. Eu...
J: Bem, isso não é realmente importante, é?
A: Não, não é importante saber os nomes. Ela vai ajudar muitas pessoas nesta cidade. Acho que... ah, sim... ela vai se casar com alguém muito rico. E ela vai ajudar muitas pessoas pobres, e isso é muito importante. E acho que ela vai ajudar algumas pessoas que fugiram, alguns negros.

Presumi que ela poderia estar se referindo à ferrovia subterrânea para o Canadá, que ajudava os escravos fugitivos a escapar de seus senhores antes e durante os anos da Guerra Civil (década de 1860).

A: E ela vai ajudar as pessoas pobres aqui da cidade. Portanto é importante que ela viva. Ela estava com medo de sair esta manhã. Às vezes, os filhos sentem mais as coisas do que os pais.
J: Oh, ela sabe que algo vai acontecer?
A: Sim. Ela está um pouco assustada e sua mãe a manda para a ... escola? Sim, é a escola. Ela está indo para a escola.
J: Vai acontecer alguma coisa com ela no caminho para a escola?
A: Sim. Vai começar a nevar aproximadamente na hora em que ela chegar à escola, e vai nevar muito forte. Eles não estão esperando neve. Eles tiveram alguns dias agradáveis e estão começando a pensar que é primavera e que não vai mais nevar. Mas a neve vai chegar e eles deixarão as crianças que têm um longo caminho a percorrer saírem mais cedo. Ela vai ficar lá fora em meio a toda aquela neve. Se eu não a ajudar, ela pode cair na neve, se perder ou morrer de frio. Ela está muito assustada e sozinha, então eu vou ajudá-la.
J: Ótimo! Você vai levá-la para casa?
A: Sim. Vou pegar sua mão e ela sentirá como se tivesse uma explosão de força, como um segundo fôlego, e os passos ficarão mais leves. Vou puxá-la um pouco e ajudá-la. Darei a ela a força extra de que precisa, para que ela chegue em casa.

J: Ela tem um longo caminho a percorrer?
A: Sim, ela tem quase três quilômetros. Não quero que nada aconteça com ela agora. Mais tarde, as pessoas vão lhe perguntar como ela conseguiu. E ela lhes dirá: "Não sei, eu só andei". Antes de chegarmos em casa, a neve estará perto de sua cintura. Está soprando muito forte. No último trecho antes da casa, em alguns lugares os cavalos nem sequer conseguiram passar.
J: Ela chegou bem em casa agora?
A: Sim, está em segurança. Eles tinham medo até de ir procurá-la naquela nevasca. Ficaram muito surpresos ao vê-la.
J: Ela sabia como tinha feito isso?
A: Não, ela nunca saberá. Ela simplesmente fez isso, é tudo o que ela diz. Sua mãe sente que foi uma oração atendida... e ela está certa.

Como havíamos recebido uma data: 18 de março de 1810, escrevi para o departamento de meteorologia do estado de Nova York para ver se eles tinham algum registro de uma tempestade de neve severa e fora de época ocorrida naquela data. Novamente cheguei a um beco sem saída. Eles responderam que não poderiam me ajudar porque seus registros meteorológicos não eram tão antigos.

J: Estamos no ano de 1934. O que está fazendo agora?
A: Estou olhando para todos os lados.
J: Para o que você está olhando?
A: Quero ver coisas. Adoro ir para o leste. Gosto do leste. É muito bonito lá. Gostaria de morar lá um dia.
J: Ao longo da água?
A: Sim, eu observo muito a água.
J: Você já esteve lá antes?
A: Acho que há muito tempo devo ter estado aqui. Eu me sinto muito próxima a esse lugar.

Ela morava perto dessa área, como Sarah. Ela também se mudou de Beeville, Texas para Maine na década de 1970. Isso pode ter realizado seu desejo de morar no leste algum dia.

J: Em que parte do leste você está?

A: No norte. Adoro as montanhas, as árvores e a água. É muito bonito aqui. Tive de vir para cá por volta de ... Não sei bem quando. É muito difícil dizer sobre o tempo. Mas eu vim aqui para ajudar alguém que caiu, se perdeu.

J: Eles caíram?

A: Sim, na neve. E eu os ajudei a voltar para o grupo com quem eles estavam. Então pensei em ficar aqui o máximo que pudesse.

J: Ficar até ser chamado novamente?

A: Sim, é muito bonito aqui e eu gosto de observar as pessoas.

J: O que as pessoas estão fazendo?

A: Bem, eu gosto de observar as que estão aqui. Elas vêm para este lugar, colocam coisas engraçadas nos pés e deslizam morro abaixo. Elas riem e são pessoas muito felizes.

J: Eles colocam algo em seus pés e deslizam colina abaixo?

A: Sim. Eu gosto de ver isso. Eu gostaria de fazer isso, eu acho, mas não consigo fazer com que nada fique em mim dessa forma. Já tentei fazer isso.

J: Você tentou colocá-los em seus pés?

A: Foi muito engraçado. As pessoas ficaram muito assustadas quando isso aconteceu.

J: O que aconteceu?

A: Eu vi um homem colocar essas coisas no chão e fui até elas e as movi. Isso surpreendeu a todos - pensaram que elas tinham caído. Tive muita dificuldade para tirá-las da porta. Não tenho certeza de como essas pessoas fazem isso. Acho que eles colocam do lado de fora. Se eu não tivesse conseguido passar pela porta, nunca teria conseguido fazer isso. Tive de tirá-los, abrir a porta, voltar e colocá-las. Eu não podia levar as coisas pela porta sem causar um tumulto terrível. Tentei não ser notado, mas todos pareciam me ver. Quando viram os esquis passarem pela porta, ficaram muito assustados. Todos os quatro ficaram sentados lá, morrendo de medo. E quando cheguei do lado de fora, eles começaram a escorregar e deslizar terrivelmente. O pobre homem teve um momento terrível para encontrá-los.

J: (Grande risada) Ele teve de procurá-los por toda parte?

A: Bem, um estava bem perto, preso em uma árvore. Mas ele riu e riu depois disso. Ele disse que, por um minuto, achou que havia um fantasma, mas um fantasma teria sido capaz de usá-los.

J: Ele não sabe muita coisa, não é?

A: Não, acho que ele nunca viu um fantasma. Não parece que ele sabe. Foi muito difícil, mas foi divertido. Vou tentar fazer isso novamente às vezes. Essas pessoas não voltam mais para aquele lugar.

J: *Não voltam mais?*

A: Era um pequeno chalé que pertencia a um homem. Eles conseguiram a chave por um fim de semana. Realmente ficaram muito assustados.

J: *Eles não achavam que aqueles esquis poderiam fazer isso.*

A: Não. Eles não entendiam o que estava acontecendo. Achei que eles estavam todos ocupados. Eu sairia com eles e ninguém notaria. Mas eles os ouviram. Muito engraçado, eles riam disso. Suas filhas estavam muito amedrontadas, muito assustadas. Elas foram embora logo depois disso. Saíram no escuro, foram embora. Ele queria ficar lá, mas todos foram embora imediatamente, assim que encontraram suas coisas. Empacotaram suas roupas e foram embora.

J: *Como eles chegaram lá; estavam dirigindo?*

A: Vieram em um carro e em um trem. Vieram de ... de uma grande cidade. Depois disso, fiquei observando a garota por um tempo. Ela foi para casa e estava muito assustada. Ela sabia que não deveria ter estado lá. Achou que foi por isso que aconteceu. Ela foi a um lugar assombrado. Ela era uma garota jovem, muito bonita, com cerca de 18, 19.

J: *Você diz que ela sabia que não deveria estar lá?*

A: Não. Ela foi com alguém com quem não deveria estar. Ela achou que era um castigo. Então eu a segui. Eu ia lhe contar o que aconteceu, mas não cheguei a falar com ela. Eu a observei por um tempo e uma vez tentei falar com ela, mas não consegui fazer com que ela me ouvisse. Ela estava muito assustada. Tudo parecia assustá-la muito. Mas isso foi há algum tempo. Às vezes, volto àquele lugar e observo as pessoas que vão até lá. Elas ainda o chamam de assombrado. Acham que foi um fantasma.

Esse incidente mostrou que até mesmo um espírito pode ter senso de humor, e pode tirar um tempo para se divertir. Não se parecia muito com os fantasmas assustadores aos quais estamos acostumados a ouvir falar durante toda a nossa vida.

J: *Diga-me, existem espíritos para os diferentes animais?*
A: Não como eu. Eles não são espíritos; são um tipo diferente de ser completamente diferente. Eles sentem as coisas, têm uma inteligência que os humanos não entendem de jeito nenhum.
J: *Eles não têm um espírito?*
A: Não como as pessoas. Os humanos são muito estúpidos em relação aos animais. Eles acham que se o animal for inteligente, ele fará o que a pessoa quer que ele faça. Às vezes, os animais são mais inteligentes. Se eles puderem sentir o perigo, não farão as coisas que as pessoas querem que eles façam.

J: *Estamos no ano de 1930. O que você está fazendo?*
A: Bem, estou aqui há algum tempo.
J: *Onde você está?*
A: Disseram-me que o nome desta cidade era Seattle.
J: *É uma cidade grande?*
A: Oh, bem grande. Muitas flores bonitas.
J: *O que está fazendo aqui?*
A: Bem... está vendo aquela mulher ali? Ela vai ser atropelada por um carro. Não posso impedir que o carro a atinja. Não posso impedir isso. Quando ela for atropelada, eu cuidarei dela.
J: *Ah, então ela não vai morrer?*
A: É isso mesmo.
J: *Mas você não pode impedir que o carro a atropele?*
A: Não, não posso fazer isso. Faz parte da vida do jovem que está dirigindo o carro. Ele vai atropelar essa mulher e vai acreditar, por um tempo, que ela vai morrer.
J: *Oh, isso é algo que vai acontecer com ela. Isso tem que acontecer?*
A: Tem de acontecer. Ela vai escapar disso. Ele vai morrer de susto que essa mulher morreu. Mas eu vou ajudá-la, ajudar para que a dor não seja tão ruim, ajudá-la a voltar para sua casa. Ela vai se sentir mal por pouco tempo e eu vou colocá-la para dormir. E quando ela acordar, não vai estar nem um pouco machucada. Nunca haverá nada sobre isso nos jornais, mas aquele garoto terá que se preocupar por um longo tempo. Isso o fará pensar em como ele tem vivido.
J: *Como ele tem vivido?*

A: Ele não se importa com o que faz ou com quem machuca. Isso vai assustá-lo.

J: *A mulher é atingida... mas acho que ela não vai ser atingida com muita força, não é?*

A: Oh, ele vai bater nela com muita força. Deve ser com força suficiente para que ele acredite que a matou. Ele deve saber em sua mente que a matou. Ele voltará para essa estrada depois de um tempo, quando não vir nada no jornal. Ele vai dirigir de novo para cima e para baixo e descerá essa estrada procurando por essa mulher. Mas ela não estará aqui. Ela está indo ver a filha. Ela ficará fora por um longo tempo e fará uma boa visita. Esse garoto, ele vai ficar muito preocupado. Ele viverá toda a sua vida para compensar o fato de matar aquela pobre mulher.

É incrível perceber que uma série de eventos maravilhosamente complexos está sendo constantemente tecida às nossas costas, sem nosso conhecimento. Parece que tudo tem um significado, se não em nossa vida, então na de outra pessoa. Também é reconfortante saber que uma inteligência superior está controlando tudo isso.

Capítulo 12
Um espírito olha para o futuro

Em algumas das primeiras sessões, enquanto estava no plano espiritual, Anita fazia referências à capacidade de olhar para as pessoas e ver coisas sobre elas. Por exemplo, quando ela morreu na vida em Chicago e estava esperando a morte de Al, ela disse que podia olhar para ele e ver o que aconteceria com ele. Ficamos intrigados com a ideia de que ela poderia fazer isso em um caráter experimental. Certamente seria interessante tentar. Como essa parecia ser uma capacidade associada apenas à forma espiritual, ela teria de ser levada a um período entre vidas. A primeira vez que tentamos isso, ela havia regredido pelas vidas de June e Jane até 1810. Nesse ponto paramos, e ela estava nos contando sobre a vida como espírito, algumas das quais foram relatadas no capítulo anterior.

J: Quantos espíritos estão por perto?
A: Bem aqui? Há vários aqui mesmo.
J: Vocês conseguem ver uns aos outros?
A: Oh, sim. ... Nós conversamos.
J: Sobre o que vocês conversam?
A: Às vezes, coisas que fizemos, ou para onde estamos indo, ou lugares em que estivemos.
J: Você pode descrever um desses espíritos para mim?
A: Bem... escolha um!

Johnny cooperou com ela, porque obviamente não conseguia ver o que ela estava vendo.

J: Bem, aquele que está ali.
A: Ele? Oh, ele é legal. É um homem muito agradável. Ele tem sido um espírito há vários anos. Ele é muito parecido, eu diria, com a aparência que tinha quando estava vivo. É claro que um espírito não, você sabe ... bem, você me vê. Eu sou... bem, acho que a palavra é apenas "fino". Você pode ver através de mim. Eu consigo

ver através dele. Consigo ver através de outros espíritos. É engraçado como podemos ser assim, ter força e fazer coisas. Nós mudamos muito. Você é um espírito há muito tempo?
J: (Surpreso com a pergunta dela) Não, com certeza não.
A: Bem, é preciso se acostumar.
J: É claro que sim. Isso é muito estranho.
A: (Ela parecia muito tranquilizadora.) Bem, agora, não se assuste.
J: Vou tentar não. Esse homem disse por que foi chamado aqui?
A: Bem, ele está aqui há um bom tempo e ajudou algumas pessoas. Acho que agora ele está esperando para nascer de novo. Ele sabe para onde está indo agora. Ainda vai demorar um pouco, mas ele vai nascer de novo.
J: Como ele sabe?
A: Bem, ele foi informado; ele sente isso. Não consigo descrever essa sensação. Você se acostumará com isso. Não é como quando você estava vivo e alguém dizia algo e você ouvia com seus ouvidos. Ou se uma pessoa estivesse longe de você e a voz dela soasse fraca. Você ouve essa voz como se ela estivesse bem ali com você. Você ouve a voz, principalmente a sente. Mas ela é sempre muito exata, não é vaga. Você sabe exatamente o que deve fazer. E, às vezes, podemos até conversar um com o outro, mesmo sem dizer uma palavra, como estou falando com você agora. Às vezes também fazemos isso. Depende.
J: (Ele decidiu que era hora de fazer o experimento.) Diga-me, você consegue ver à frente?
A: Bem, sim, se tentarmos, nos concentramos. Se realmente precisarmos saber, ou se quisermos saber, podemos ver. Às vezes, eu digo às pessoas o que vai acontecer, para tranquilizá-las.
J: Você pode olhar para frente agora e ver algo que vai acontecer e me dizer?
A: Bem... sobre você ou sobre o país, ou...

Johnny tinha a intenção de descobrir primeiro sobre o país, mas quando ela disse isso, a curiosidade dele ficou muito forte.

J: Sobre mim. Você consegue ver algo sobre mim que vai acontecer?
A: Deixe-me me concentrar. (Pausa) Posso lhe dizer algumas coisas. Posso lhe dizer que você não é um espírito. (Surpreso) Não sei o que é isso. Você não é um espírito!

J: *Não sou?*
A: Não, você está vivo! Mas não neste momento [1810]. Você vai viver muitas outras vidas além desta em que está.
J: *Estou em minha primeira vida?*
A: Não, oh não! Você já viveu muitas vidas antes desta. E você viverá muitas outras.
J: *Você pode me dizer o que vou fazer nesta vida?*
A: Bem, é muito estranho porque você está falando comigo de uma vida diferente, de uma época diferente. Acho que você está vivendo... no futuro! De mim. Não sei a que distância. Mas posso ver você como eu acho que você está. E posso lhe dizer que, nessa vida, você vai viver uma vida muito, muito longa. Você é basicamente uma pessoa muito boa. Há algumas coisas que você faz que não são exatamente corretas. Há coisas... mas, basicamente, as lições estão começando a chegar lá. Você aprendeu muito.
J: *E você diz que vou ter uma vida longa nessa vida?*
A: Sim, acho que você vai viver até a velhice. Eu o vejo, quando olho para você agora como um homem muito velho. Você tem netos... não, há bisnetos. Você tem bisnetos. Você vai viver muito mais do que as pessoas estão vivendo nesta época. Essa é uma maneira de eu saber que você está no futuro.

Ele lhe perguntou onde estaria morando, e ela começou a descrever o lugar. Uma coisa estranha que ela disse foi que o estado em que nos estabelecemos não era um estado naquela época [1810]. Acabamos nos estabelecendo no Arkansas, que não era um estado na época em que ela fez a regressão. Além disso, ninguém sabia para onde pretendíamos ir quando nos aposentássemos da Marinha. Naquela época, nem nós mesmos tínhamos certeza e pensamos que seriam necessários vários anos até que tivéssemos de nos preocupar com isso. Ela continuou a descrever perfeitamente nosso lugar no país. Como Johnny estava interessado, naquela época, em fazer trabalhos de conserto de rádio e TV em tempo parcial, além de seu emprego regular na Marinha como controlador de aeronave (operador de radar), ele perguntou a ela que tipo de trabalho ele estaria fazendo. Ela ficou muito incomodada e desconfortável. Disse que era algo muito estranho para ela.

A: Mas é nessa época. É com fios... tubos. É estranho... assustador. Você é uma pessoa diferente. Eu nunca fiz isso antes... assim. É muito confuso quando vejo coisas que não entendo. Esses tubos são muito engraçados. Isso tem a ver com o futuro daqui para frente, muito mais tarde. Eles vão começar a trabalhar nisso, acho que em outro século. Acho que por volta de 1930 eles começarão a trabalhar nisso. É nisso que você trabalhará durante toda a sua vida.
J: Acho que vou gostar disso, então?
A: Você vai gostar. Tenho a sensação de que você é muito feliz nesta vida. Você tem alguns problemas, mas não são graves. Bem, você sabe, para todas as pessoas vivas, para elas, os problemas são grandes. Mas, em comparação com os problemas que você possa ter, eles são pequenos. Esta vida é mais tranquila do que suas últimas vidas.
J: Vejamos, devemos renascer de vez em quando e aprender novas lições?
A: Não há tempo definido. No início, pensei que houvesse. Mas não há.
J: Mas entendo que temos lições a aprender?
A: Sim, você tem de aprender algo a cada vez. Você está aprendendo agora mesmo, nesta vida, coisas que você precisava aprender da última vez. Vejo bondade ao seu redor, você está aprendendo. É por isso que você viverá muito tempo. Você realizará muito nesta vida. E, depois disso, cada vez as vidas serão um pouco mais fáceis. Nas próximas vidas, você terá problemas diferentes, mas a cada vez a duração da vida parece ser mais tranquila, e você parece estar realizando mais e fazendo mais coisas importantes. É isso que vejo quando olho para você. ... Mas isso é perturbador.

Como ela parecia tão perturbada com o fato de olhar para coisas tão distantes no futuro que ela não entendia, Johnny nunca a fez fazer isso de tão longe no tempo novamente. Posteriormente, quando tentamos esse experimento, ele a levou de volta apenas para a década de 1930, seu estado espiritual mais recente, e isso não pareceu perturbá-la tanto. Nessas ocasiões, ela nos falou novamente sobre nosso futuro e também quis descobrir o seu próprio. Quando falou de seu próprio futuro, ela disse que podia ver seu espírito com dificuldade. Ela falou de observar a si mesma, como se estivesse olhando para um estranho, de forma muito objetiva. Isso tudo foi muito interessante para nós do ponto de vista pessoal. No entanto, achamos que deveríamos tentar descobrir algumas coisas que diriam respeito a mais pessoas. O que aconteceria com nosso país, por exemplo. Lembre-se de que essas sessões ocorreram em meados de 1968. Anita foi regredida para 1930 e estava em um estado espiritual entre vidas.

J: *Você pode se concentrar e olhar para frente muitos anos e me dizer o que vai acontecer?*
A: Posso tentar. Ninguém nunca me pediu isso antes. Às vezes, eu sei o que vai acontecer. Às vezes, vejo claramente. Concentrar bastante. Só faço isso quando tento ajudar as pessoas. Procuro algo específico, tento encontrar algo que lhes dê coragem, que as faça esperar, ou que as ajude. Então, tento olhar para o futuro dessa pessoa. Às vezes, quando faço isso, vejo coisas que afetam muitas pessoas.
J: *É isso que eu estava pensando, se você pudesse olhar para frente e ver o que o país faria, isso afetaria muitas pessoas. Elas provavelmente gostariam de saber. Vejamos, estamos no ano de 1930? Você pode olhar para frente, para 1968? Isso seria 38 anos à frente.*
A: É um ano muito ruim. Muitas coisas ruins estão acontecendo. Haverá muitas guerras.
J: *Este país vai entrar em uma guerra?*
A: Sim. Muitas pessoas morrerão, famílias serão prejudicadas. Haverá duas guerras em 1968.

Isso foi uma surpresa. Ainda estávamos lutando no Vietnã, mas onde mais?

A: Sim, mas eles não as chamam de guerras. Eles não vão chamar de guerra, mas é uma guerra. Há dois países com os quais vamos lutar.
J: *Você sabe dizer quais são os dois países que estão em guerra com este país?*

A: Bem, lutamos contra um país, mas não é o país que realmente estamos lutando contra. Lutamos em dois países, mas o mesmo país começou as duas (guerras). Lutamos contra ... a Rússia.
J: Estamos lutando contra a Rússia?
A: As duas vezes, mas em lugares diferentes, em países diferentes. Nós não lutamos aqui e não lutamos na Rússia. Nós vamos lutar em países diferentes destes.
J: Em que países eles estão lutando?
A: Bem, eles estão lutando em um há muito tempo, mais tempo que alguém sabe, a Indochina... Vietnã. Nós lutamos há muito tempo antes deste ano de 1968, por ... dez anos eles lutaram lá.
J: Isso fica na Indochina?
A: Era Indochina em uma época, mas eles mudaram o nome. Agora se chama Vietnã.
J: E o outro país?
A: O outro país será no final do mesmo ano. Nós começaremos uma guerra na Coréia.
J: (surpreso) Na Coréia?
A: Sim. Já lutamos contra esse país antes, há quase 20 anos, e eles lutarão novamente. Isso vai começar no ano de 1968. Eu vejo isso em 68, no final do outono... Acho que em novembro, no Dia de Ação de Graças. Há muitas pessoas chateadas porque a guerra acabou de começar.
J: Não há muito pelo que agradecer, não é mesmo?
A: Não.

Como sabemos agora, não entramos em guerra novamente com a Coréia, mas o Incidente de Pueblo ocorreu durante esse ano. Uma guerra foi evitada pela ação que foi tomada naquela época? Para aqueles que talvez não se lembrem do que aconteceu, algumas palavras de explicação podem ser necessárias. Da Enciclopédia Anual Collier's de 1968:

A atenção internacional estava voltada à Coreia em janeiro, quando forças coreanas tomaram o navio de inteligência da Marinha dos EUA, Pueblo. Afirmando que a embarcação havia sido tomada durante uma invasão em águas costeiras (acusação negada pelos Estados Unidos), o governo norte-coreano continuou a manter o navio e os 82 membros da tripulação, apesar dos esforços do governo dos

EUA para obter sua libertação. O episódio levou a um fortalecimento das forças protetoras dos EUA na Coreia do Sul. Enquanto isso, foi relatado que os norte-coreanos estavam construindo sua própria posição militar, e havia o temor de que um lado ou outro fosse tentado a fazer uma provocação que pudesse levar à retomada das hostilidades em grande escala. A histeria da guerra diminuiu, contudo, quando ficou claro que os Estados Unidos não tinham planos de tomar medidas beligerantes para libertar o navio e sua tripulação. A Coreia do Norte libertou a tripulação do Pueblo em dezembro, depois de chegar a um acordo com os Estados Unidos, no qual os Estados Unidos assinaram uma falsa confissão de espionagem, repudiando-a publicamente. Esse compromisso aparentemente não tem precedentes no direito internacional.

J: O ano de 1968 - é o ano em que este país deverá ter um novo presidente, não é?
A: Pode ser, pode ser.
J: Você pode olhar para o final de 1968 e o início de 1969. Consegue ver quem está sendo eleito presidente deste país? Ele é eleito em novembro, não é; e assume o cargo em janeiro?
A: Não sei. Nunca assisti a política. Não gosto de política.

Nesta vida, Anita é muito interessada em política e queria que descobríssemos o máximo que pudéssemos sobre a próxima eleição.

A: Mas estou vendo o presidente. Estamos em dezembro. Esse seria o presidente que está no cargo agora em 1968. Haverá um novo presidente no cargo em breve, mas só no ano seguinte. Eu não gosto deste. Outra pessoa foi eleita. Esse homem, esse homem é muito malvado... muito mal ao seu redor.
J: (Isso foi uma surpresa.) Qual é o nome dele?
A: Estou falando do homem que está no cargo agora. Seu nome começa com um J (Johnson?).
J: E ele é o único que tem o mal ao seu redor?
A: Sim, ele está envolvido em muitas coisas que não deveria estar. Ele causou muitos problemas para o país.
J: Ele vai continuar sendo o presidente no próximo ano?
A: Não, haverá um homem diferente no próximo ano.

J: *Olhe para frente e imagine esse homem. Você consegue ver esse novo presidente?*

Isso foi muito tenso. O suspense estava me matando.

A: Estou vendo ele.

J: *Qual é a aparência dele?*

A: Ele é alto... e moreno.

J: *Ele tem alguma coisa preta em volta dele?*

A: Não, ele não é assim, mas está confuso. Ele é um homem fraco. Foi uma escolha ruim.

J: *Qual é o nome dele?*

A: Nixon.

Isso foi uma grande surpresa, pois Nixon não havia anunciado candidatura nem havia dito nada sobre concorrer até aquele momento. Presumia-se que Robert Kennedy seria eleito com pouca oposição. Seu sucesso era quase garantido.

J: *E você diz que há uma guerra em andamento com o Vietnã e a Indochina. Você consegue ver algum fim para essa guerra?*

A: Ela começará a terminar. Começarão a haver conversações nesse ano. E as pessoas querem que nosso pessoal volte para casa, mas eles ainda estarão lá. E ainda haverá combates durante todo o ano de 68. Nós vamos tentar sair de lá, mas estamos muito envolvidos, mais do que qualquer um sabe. Mais do que as pessoas deste país sabem. Haverá conversas sobre paz neste ano de 68, mas ainda vai levar muito tempo até que todas as pessoas deixem aquele país e voltem para casa. O outro começa com coisas muito pequenas, coisas triviais. Eles não a chamam de guerra, mas eu a chamo. É uma guerra. Todo o ano de 68 está em guerra... um ano muito ruim.

J: *E esse novo homem que vai ser presidente não é capaz de parar as guerras?*

A: Ele é um homem fraco, e estão tentando ajudá-lo. Empurraram-no para - o menos censurável. Ele não tem muito poder. Ele não pode fazer o que quer. E às vezes fica confuso sobre a quem dar ouvidos. Ele vai se esforçar muito, e tem uma boa ajuda. Não era para ele ter sido presidente, no entanto. Ele foi uma escolha ruim.

J: Quem deveria ter sido o presidente?
A: O homem que deveria ter sido parece muito diferente dele. Ele é menor... loiro. Ele deveria ter sido o presidente dessa vez.
J: Ele estava tentando ser presidente na época, e esse homem conseguiu?
A: Ele se conteve por muito tempo. Ele deveria ter sido, mas não tinha certeza ainda se estava pronto para ser.

Não tínhamos certeza se ela estava falando de Robert Kennedy ou talvez de Gerald Ford. Isso nunca ficou claro.

J: Você vê algo mais importante acontecendo? Algo que possa afetar muitas pessoas?
A: Pessoas machucando outras pessoas. Muitos tumultos. Terão muitos neste ano.
J: Existe algum tumulto que seja grande?
A: O maior deles será... parece que será em Chicago.
J: Em que época do ano isso está acontecendo?
A: Verão quente... muito quente.
J: É um motim com pessoas negras?

Houve muitos deles durante a década de 1960.

A: Há outras pessoas envolvidas também. Alguns brancos, negros ...
J: Os brancos estão causando os tumultos?
A: Alguns deles estão causando.
J: Por que você acha que eles estão fazendo isso? Você consegue ver?
A: Acho que é para enfraquecer o país. Eles querem mostrar o quão fortes podem ser. Eles são pessoas muito egoístas... usam os negros em seu benefício.
J: Essas pessoas são deste país?
A: Algumas... algumas. Eles estão aqui há muito tempo, muito infiltrados em nossas vidas.
J: Estão causando muita agitação?
A: Sim. Muita turbulência.... Ooo ... Não gosto desse ano. Poucas coisas boas neste ano. Tantas pessoas mortas inutilmente. 1968 será desastroso – muito problema, ano muito ruim.

Achamos que ela estava falando de uma revolta racial em Chicago, porque essa parecia ser a conclusão mais óbvia. Ficamos todos surpresos quando nos sentamos ao redor da TV em agosto de 1968 e assistimos ao tumulto que acontecia nas ruas do lado de fora da Convenção Nacional Democrata em Chicago. A situação ficou tão ruim que vários milhares de guardas nacionais e tropas da Reserva Federal foram chamados para ajudar a polícia. A mídia de notícias considerou que um dos fatores que causou a explosão foi o fato de Chicago estar passando por um dos verões mais quentes já registrados. Enquanto Anita estava sentada conosco observando a polícia lutando contra os manifestantes, ela disse que era uma sensação muito estranha. "Eu já tinha visto todas essas cenas antes", disse ela.

Depois, à medida que as campanhas eleitorais se estendiam até o verão e o outono, tudo parecia muito estranho. Era uma sensação de anticlímax. Todas as emoções haviam desaparecido. Não havia suspense. Afinal de contas, já sabíamos quem seria indicado e quem venceria a eleição. E depois que a votação foi contada, e Nixon estava lá recebendo os parabéns, foi uma sensação de déjà vu. Nós já havíamos visto isso; já tínhamos vivido isso meses antes.

1968 foi um ano muito ruim em mais de um sentido. Os assassinatos de Martin Luther King, Jr. e Robert Kennedy também ocorreram durante aquele ano. Já nos perguntaram várias vezes por que ela não viu esses eventos e não os relatou. Talvez ela tenha se perguntado quando disse: "Não gosto daquele ano. Poucas coisas boas naquele ano. Tantas pessoas mortas inutilmente. 1968 será um ano desastroso, com muitos problemas, muito ruim".

Desde então, aprendi, trabalhando mais com hipnose, que o sujeito geralmente vê muito mais do que relata. A menos que lhe seja feita uma pergunta direta, ele pode nunca mencionar o fato. Muitas vezes as cenas aparecem muito rapidamente.

A sessão continuou.

J: Diga-me, no ano de 1968, este país estava falando em enviar algo para a lua. Eles vão chegar lá?
A: Eles enviam coisas que vão à Lua, mas ainda não como planejam fazer. As pessoas ainda não irão para lá. Ano que vem.
J: Mil novecentos e sessenta e nove?
A: No próximo ano, as pessoas chegarão à lua.

J: *Elas voltarão?*
A: Não, sem... tragédia. É tudo muito sombrio, nada bom. Não é bom.
J: *É este país que está enviando essas pessoas?*
A: Nós estaremos lá, mas não este ano: 1968. Em 1969, nós enviaremos homens à Lua.
J: *E alguns deles voltarão?*
A: Não sei quantos estão indo e não sei quantos voltam, mas o líder foi morto. Ele vai morrer.

Como sabemos agora, chegamos à Lua com a primeira expedição tripulada em 1969. Sentamos em frente à TV e assistimos atônitos à realização de outra previsão. Mas e quanto à tragédia? As únicas que conhecemos foram as da nave Apollo que queimou no solo, matando todos a bordo, e os cosmonautas russos que morreram tentando chegar à Lua. Poderia ter havido outras mortes entre os astronautas que o governo nunca divulgou?

J: *Então, eles vão aterrissar na lua. Você acha que eles devem fazer isso?*
A: Não, mas isso não prejudica ninguém além deles. Não era para eles fazerem isso, mas isso não prejudica nada. Eles não vão fazer o que acham que vão fazer. Eles querem ter plataformas espaciais. Eles querem controlar o mundo. Não vai ser assim por um longo tempo. Algum dia, muito distante, haverá coisas como essa no espaço. Eles acham que agora podem conquistar tudo só de chegar lá, mas eles têm muito, muito mais para aprender. Muito que eles não sabem. Eles nunca farão o que acham agora que poderão fazer.
J: *Eles estão planejando ir para outros mundos?*
A: Eles querem explorar. Eles acham que há coisas lá fora.
J: *Existem coisas lá fora?*
A: (Ela sorriu como se tivesse um segredo.) Oh, sim; oh, sim! Mas não é o que eles pensam.
J: *O que são essas coisas que estão lá fora?*
A: Bem, há muitos outros planetas, cada um deles com vida. Mas não o que eles estão esperando encontrar.
J: *Eles estão esperando encontrar essa vida em forma humana, como estão fazendo?*
A: Não, na verdade não. Mas eles acham que serão capazes de se comunicar imediatamente. Isso não é verdade. Não conseguirão;

não por um longo tempo, talvez nunca. Não os vejo fazendo isso algum dia, como eles pensam.

J: *Eles têm coisas que viram que foram relatadas em todo o país. O que eles chamam de "naves espaciais, discos voadores", e bolas de fogo". Eles dizem que vêm de outro mundo, de outro planeta. Você já viu isso?*

A: (Sorrindo novamente.) Claro!

J: *O que são?*

A: São veículos espaciais. Eles viajam neles.

J: *Quem está dentro deles?*

A: Bem, isso depende de qual você quer dizer. Há coisas que eles veem. Eles acham que são discos voadores. Eles os chamam de objetos não identificados, que nada mais são do que um espírito. Às vezes, são naves que vêm de outro planeta. Basicamente, eles têm muito medo dessas coisas. Se eles descobrem algo, eles não contam às pessoas sobre isso. Eles estão muito assustados em relação ao que pode ser, porque não conseguem se comunicar.

J: *Você diz que são naves espaciais de outro planeta?*

A: Algumas delas são, sim.

J: *Elas têm pessoas dentro, pessoas como nós?*

A: Elas poderiam ser uma pessoa se quisessem. As que eles viram este ano e nos últimos anos são uma forma de vida que pode assumir diferentes corpos. Diferentes montagens de coisas, que os fazem parecer diferentes. Eles podem se parecer com humanos.

J: *Você sabe de que planeta eles vêm?*

A: Não sei o nome. Disseram-me. Não consigo me lembrar. Não é deste sistema solar. Eles são de outro. De outro, o mais próximo de nós.

J: *Oh. O sistema solar mais próximo deste sistema solar?*

A: Sim. Eles estão aqui. São pessoas muito curiosas. Eles estão em um estágio diferente de desenvolvimento. Eles observam a Terra, seus problemas. Muito raramente interferem. Eles observam e aprendem. São muito curiosos.

J: *Você acha que eles pousarão na Terra e tentarão viver aqui?*

A: Não, não como você pensa, não como você pensa. Eles já estão aqui há muito tempo.

J: *Estão?*

A: Eles vieram e foram embora. Eles podem se parecer com as pessoas da Terra. As pessoas não sabem disso quando os veem. Eles não machucam ninguém - nunca machucaram ninguém. Eles observam; às vezes vêm e vivem por um tempo. Um lugar muito agitado, a Terra. Eles não gostam daqui. E voltam para lá.

J: Eles tentam ajudar as pessoas?

A: Não, muito raramente interferem.

J: Eles estão apenas observando para ver o que está acontecendo? Eles são realmente curiosos?

A: Sim. Eles passaram por um estágio muito semelhante a este há vários milhares de anos atrás.

Foi incrível receber essa informação. Especialmente porque havia pouca coisa escrita naquela época que tratasse de OVNIs e alienígenas.

Capítulo 13
Kennedy e o escorpião

As sessões já haviam se tornado tão rotineiras que estávamos começando a ser mais criativos. Já havíamos abordado todas as cinco vidas de Anita da forma mais completa possível, e estávamos procurando experimentos novos e diferentes para tentar. O seguinte foi parte da última sessão que realizamos. Anita já havia demonstrado a capacidade de olhar para o futuro e ver eventos específicos. Agora, amigos sugeriram que escolhêssemos um evento importante e que ela fosse até aquela data e descrevesse o incidente como ela o viu acontecer. Achamos que valeria a pena tentar.

O evento mais frequentemente sugerido foi o assassinato do presidente John F. Kennedy, principalmente por causa do mistério que até hoje envolve o incidente. Essas sessões foram realizadas em 1968, apenas cinco anos após o evento em 1963. A Comissão Warren havia concluído sua investigação e chegou à conclusão de que Lee Harvey Oswald havia agido sozinho como assassino. Embora tenha havido especulações sobre outras possibilidades, as conclusões da Comissão Warren foram em regra aceitas. Foi somente nos anos seguintes que outras teorias receberam qualquer credibilidade. Assim, em 1968, os resultados desse experimento foram bastante surpreendentes, embora, pelos padrões atuais, sejam mais críveis.

Devido à natureza do experimento, várias outras pessoas queriam estar presentes nessa sessão. Eram amigos em comum que vinham acompanhando as sessões e com os quais se podia contar para proteger o anonimato de Anita. Embora tivéssemos discutido o assunto do experimento, não dissemos a Anita o que tentaríamos fazer. Achamos que isso acrescentaria mais validade. Teremos de deixar para os leitores decidirem por si mesmos se ela estava olhando para o evento real e se o que ela viu poderia ser a verdade. Talvez ninguém jamais saiba realmente.

J: June, você tem esse poder de olhar para frente no tempo e ver coisas que vão acontecer?

A: Eu podia dizer muitas coisas sobre o Al, só de olhar para ele.
J: Você já ouviu falar de Dallas, Texas?
A: Antes, você quer dizer?
J: Sim, ou agora. Você já ouviu falar de Dallas, Texas?
A: Não.
J: É uma cidade grande no Texas. Você já ouviu falar do Texas, não é? É um estado grande na parte sul da América.
A: Já ouvi falar do Texas. Sim, cowboys.
J: Quero que você se concentre e olhe para o ano de 1963, em novembro, em Dallas, Texas. Algo está acontecendo lá. Você consegue ver isso?
A: É uma cidade grande, maior que Chicago. É muito grande. Deve ter cerca de meio milhão ou um milhão de pessoas. É uma cidade grande.
J: Bem, esse dia em novembro é... ah... (Ele estava tentando se lembrar do dia em que ocorreu).
A: É um dia muito quente, não é?
J: Sim. Foi no final de novembro, por volta do dia 22 ou 23.
A: O clima está muito diferente. É um dia muito quente.
J: Há um homem ... em um carro ... dirigindo pela rua ...
A: Sim, é um desfile.
J: Um desfile?
A: Parece um desfile.
J: Aquele homem no carro que está sentado com outro homem e duas mulheres?
A: O carro aberto, sim.
J: Sim. Ele é o presidente do país.
A: (surpresa) Sim! Uma mulher bonita... bonita.
J: Você consegue ver alguma coisa acontecendo?
A: (Surpreso) Ele vai ser morto!
J: Ele vai? Quando?
A: Acho que ele... esse dia do qual você está falando. Ele foi pego em um fogo cruzado de balas.

Com essa observação, todos na sala se entreolharam e ofegaram. Fogo cruzado! Isso nunca havia sido sugerido naquela época.

J: (surpreso) Um fogo cruzado?
A: Sim. Ele foi atingido pela frente e por trás.

J: *Você consegue ver quem está atirando? Quem está atirando?*
A: Sim. Há dois homens. Há um homem atrás daquela cerca ali.
J: *Você sabe dizer quem ele é?*
A: Não sei o nome dele. Ele parece diferente. Talvez seja sul-americano ou algo assim. Parece moreno.
J: *Ele é um tipo de homem estrangeiro?*
A: Sim. Ele fala espanhol... não fala esse idioma muito bem.
J: *E você diz que ele está atrás de uma cerca?*
A: Sim, ele subiu em um carro... e atirou.
J: *Com o que ele atirou?*
A: (Indignada) Ele atirou com uma arma.
J: *Quero dizer, que tipo de arma?*
A: Deveria ter um cano mais longo. Parece que deveria ter sido um rifle, mas não é.
J: *Tem um cano curto?*
A: Mais curto do que o de um rifle.
J: *E você diz que isso estava atrás de uma cerca.*
A: Sim, uma cerca de tábuas, alta.
J: *E a que distância do carro com o Presidente está essa cerca?*
A: Bem, não é muito longe. É ... Parece que não consigo ver a distância, mas não é muito longe. O outro homem está mais longe. Ele está no alto daquele prédio.
J: *Ele está em um prédio? Você pode me dizer o nome do prédio? Você consegue ler o nome dele ou ele tem um nome na frente dele?*
A: Acho que há um lá. É um prédio de armazenamento. Acho que está escrito (Lentamente, como se estivesse lendo) Depósito de livros?
J: *Depósito de livros?*
A: Sim, acho que sim. Não tenho certeza, mas acho que sim. O prédio está cheio de livros e suprimentos, principalmente livros escolares.
J: *Você consegue ver aquele homem? Qual é a aparência dele?*
A: Eu não gosto dele! Ele é magro, não tem muito cabelo e tem olhos esquisitos. Um tipo de rosto redondo. Esse homem é louco!
J: *Ele é louco?*
A: O homem está doente da cabeça. Ele é muito confuso. Ele é lamentável. Ele fez muitas coisas ruins, mas está completamente convencido de que está certo. Mesmo agora, ele acha que fez algo maravilhoso pela qual as pessoas vão elogiá-lo.
J: *Ele acha? Você pode dizer o que ele fez antes?*

A: Bem, ele está confuso. Ele está tendo muitos problemas com sua esposa. Ela quer deixá-lo, e ele está chateado com ela. E ele tentou de tudo para ser bom para ela, mas ela quer muito mais do que ele pode lhe dar. Ele sabe disso agora.
J: *Você diz que esse homem acha que as pessoas vão elogiá-lo pelo que ele fez?*
A: As pessoas com quem ele está trabalhando sim.
J: *Ah, ele está trabalhando com algumas pessoas?*
A: Sim.
J: *Você consegue ver essas pessoas?*
A: Vagamente. Ele não está intimamente associado. Ele tentou entrar nesse grupo. E eles o escolheram logo de cara por seu histórico. Eles sabem que ele é perturbado. E o prepararam para fazer isso. Ele é o bode sacrificial, pode-se dizer.
J: *Bem, se ele está atirando, por que o outro homem também está atirando daquele carro atrás da cerca?*
A: Eles não vão se arriscar. Eles têm de ter muita certeza. Eles querem muito matar esse homem. Não podem se arriscar.
J: *Quem são eles?*
A: O que você quer dizer?
J: *Você pode descrever essas pessoas que convenceram esses dois homens a atirar nessa pessoa?*
A: Você quer dizer a aparência ou a organização deles?
J: *A organização deles. Seus nomes, se você puder ver.*
A: Não tenho certeza dos nomes porque ele não teve contato muito próximo com eles. É difícil dizer se ele não teve contato. Eles são comunistas.
J: *Essa é a organização deles?*
A: Sim. Eles pertencem à organização comunista – ao Partido Comunista.
J: *E você diz que esse homem aqui em cima, nesse depósito, está sendo sacrificado?*
A: Bem, eles sabem que ele não pode se safar disso. Ele não pode sair do prédio sem ser visto. As pessoas vão ver a arma disparada do prédio. Eles sabem que ele será pego, mas eles o convenceram de que ele consegue fazer isso. Ele é uma pessoa muito egoísta. Ele acredita neles quando eles lhe dizem que pode fazer isso. Ele vai ser pego e eles sabem disso, mas acham que... é melhor perdê-lo do que não conseguir fazer. Ele não é nada para eles.

J: E... ele não foi informado de muita coisa sobre a organização?
A: Ele sabe muito pouco sobre ela.
J: Você disse que ele não era próximo a ela?
A: Não neste país. Ele foi contatado e tentou entrar em contato com eles.
J: Ele entrou em contato com essa organização em outro lugar que não seja este país?
A: Sim; ele estava no país deles, na Rússia. Ele sabe sobre esse grupo.
J: Certo. Agora, nesse dia de que estamos falando, quero que você olhe para esse mesmo dia e me diga onde estou. Não estou lá em Dallas.

Esse foi um teste que Johnny elaborou no calor do momento para ver quanta precisão poderíamos atribuir ao que foi dito acima. Anita não tinha como saber que ele estava a bordo de um porta-aviões (USS Midway) se aproximando do Havaí no momento do ataque. Eles atracaram em Pearl Harbor no dia seguinte.

J: Você consegue ver onde estou?
A: (Pausa) Estou tentando, mas não estou vendo... Não consigo ver ...
J: Você não me vê em lugar nenhum?
A: Não. Você não está em nenhum lugar próximo.
J: Não, estou em outro lugar. Você terá de examinar tudo.
A: (Pausa) Não, não estou vendo. Sinto muito.
J: Ok, June, vou contar até cinco, e estamos indo para 1968. (Ele trouxe Anita para a data atual.)

Quando Anita acordou, a primeira coisa que disse foi que estava confusa. Quando lhe perguntaram o motivo, ela disse: "Porque você me fez uma pergunta que eu não podia responder, não foi?" Ele disse que havia perguntado a ela onde ele estava em uma determinada data. Ela disse que tinha visto todo os Estados Unidos continental apresentado abaixo dela como um mapa de criança. Ela podia ver o contorno e a água batendo nas bordas, e o centro cheio de milhares de pessoas, como tantas formigas minúsculas. Ela subiu e desceu a costa e foi para frente e para trás pelo mapa com muita rapidez, olhando para cada rosto. Então ela disse: "Eu não consegui encontrar você. Não sci onde você estava, mas aposto a minha vida que você não estava em nenhum lugar dos Estados Unidos. Tenho certeza disso".

Portanto, o que parecia ser um fracasso no que diz respeito ao teste não foi, de fato, um fracasso. Ela simplesmente não olhou longe o suficiente.

Durante o período em que estávamos realizando as sessões, o submarino nuclear Scorpion desapareceu sem deixar rastros em algum lugar do Oceano Atlântico em maio de 1968. Houve muita especulação sobre o que havia acontecido com ele. Então, pensamos que seria interessante ver se a Anita poderia descobrir alguma coisa sobre isso.

J: *June, enquanto estiver olhando para o ano de 1968, olhe para o mês de maio, mais ou menos na metade do mês. Olhe para o leste para aquele grande oceano.*
A: Sim, estou vendo água.
J: *A leste do país, há um navio que passa por baixo da água. É chamado de submarino. E ele foi para outro país, atravessando o oceano. Ele está voltando para este país. Consegue vê-lo? É um grande navio que vai sob a água. Deve ter, oh, quase cem homens nele.*
A: Um deles é louco, você sabe!
J: *Um dos homens do navio?*
A: Sim.
J: *Você consegue ver o nome pintado no navio?*
A: Não, estou vendo números.
J: *Que números?*
A: É muito difícil de ver. Não quero entrar na água. Aquele homem fica louco e faz algo que danifica o navio. Todos no navio vão morrer. Você sabia disso?
J: *Não!*
A: Eles vão sufocar.
J: *Por causa desse homem?*
A: Sim. Ele é uma pessoa muito estranha. Ele fica furioso e entra em um cômodo que não deveria estar. E quando o outro homem está falando com ele, ele danifica alguns controles. O navio começa a mergulhar, cada vez mais fundo e não consegue mais subir.
J: *Ele está na água; está afundando?*
A: Sim. Ele vai para o fundo. Eles sabem que não podem subir.
J: *Eles não conseguem sair do fundo?*

A: Não. Ele danificou alguma coisa quando fez isso. O navio está danificado, os controles. Ele atinge o fundo.
J: Qual é a aparência desse homem que enlouquece e faz isso?
A: É um homem alto, de cabelos ruivos.
J: Você consegue ver o nome dele na camisa?
A: Não. Ele não tem nome na camisa. É apenas uma camisa cáqui.

A partir disso, presumimos que ele devia ser um oficial ou um suboficial, já que eles são os únicos marinheiros que usam camisa cáqui. Os marinheiros geralmente usam camisetas com seus nomes escritos. Ao acordar, Anita estava conversando sobre essa visão e ainda conseguia visualizar parte dela. Ela teve a nítida sensação de que ele não era um oficial. A sensação era muito forte de que ele era um chefe ou um suboficial, mais provavelmente um chefe.

J: Esses outros homens a bordo do navio - não deveriam ser capazes de consertar os danos no navio?
A: Não podem. Ele trava o controle e, quando bate, danifica o submarino ainda mais. Eles não podem. O navio vai ficar parado ali.
J: E você consegue ver onde ele está parado agora?
A: Vejo água ao redor dele. Está muito longe de qualquer costa.
J: Eles não podem falar com as pessoas do lado de fora de alguma forma?
A: Não, não podem. Eles tentaram por muito tempo. Eles tentaram e tentaram consertar isso, mas estão perdendo a energia. Estão perdendo todos os controles daquela nave. Não se verá nada daquela nave até que ela se desfaça em pedaços devido à pressão.
J: Ela vai se despedaçar?
A: Sim.
J: Alguém encontrará destroços dessa nave?
A: Não neste ano de 1968.
J: Vai ser mais tarde?
A: Muito mais tarde. Eles identificarão pedaços dela. (Pausa) É muito triste.
J: Os homens não podem sair e flutuar até o topo da água?
A: Não; eles estão muito, muito fundos. Há algo sobre a profundidade; por esse motivo, eles não podem sair.
J: Eles têm de ficar dentro do navio?

A: Se tentarem sair, morrerão imediatamente. É uma nave estranha. Nunca vi uma nave como essa antes. Muito bem construída, não é?

J: Bom... Acho que sim.

A: Isso nunca teria acontecido se não fosse por aquele homem. É uma pena. Algumas pessoas acima dele queriam que ele saísse do submarino, mas não conseguiram fazer a documentação e ele foi nessa última viagem com eles.

J: Ah, alguém queria tirá-lo de lá antes de fazer a viagem?

A: Ele mostrou sinais de estar sob tensão.

J: Bem, esses homens vivem lá embaixo enquanto o navio está parado no fundo do mar? Quero dizer, o navio não vai se despedaçar imediatamente?

Como ninguém sabia o que havia acontecido com o navio, Johnny achava que havia uma chance de os homens permanecerem vivos por um tempo e talvez serem resgatados.

A: Eles perdem oxigênio, e depois sua energia... eles precisam produzir oxigênio. Eles precisam ter ar de alguma forma. Mas o navio perde a energia um pouco de cada vez. Em cerca de 48 horas, todos estarão mortos.

J: E tudo isso por causa desse homem que adulterou ou fez algo no controle?

A: Ele queria tanto se matar que matou todos os outros com ele.

J: Por que ele queria fazer isso? Você sabe dizer?

A: Ele é muito problemático, tem alguns problemas financeiros. Acho que é isso. Ele está muito preocupado, e sua esposa o preocupa. Ele simplesmente só queria se livrar de tudo.

J: Você consegue ver outros homens no navio? Imagino que eles estejam todos trabalhando para resolver o problema, não é?

A: Alguns deles estão. Alguns estão se desmanchando. Eles têm medo de que nunca sairão de lá.

J: Algum dos homens está usando camiseta com nome?

Esperávamos conseguir pelo menos um nome para verificar se era de alguém que estivesse realmente registrado como estando a bordo.

De repente, Anita parecia estar com calor e desconfortável. Ela começou a suar.

A: Está muito quente no navio. Está muito quente lá dentro.
J: Ah, você desceu no submarino?
A: Dei uma olhada dentro dele.
J: Você consegue ver algum nome nas camisas dos homens? Você sabe dizer quem são os homens?
A: Alguns deles estão apenas de bermuda. Eu não vejo nenhum nome. Está muito quente. Não sei nenhum dos nomes.

É claro que foi decepcionante o fato de ela não ter visto nenhum nome que pudesse ser verificado, mas naquele momento ninguém sabia o destino do submarino. Tivemos que esperar, como todo mundo, até que eles pudessem localizar o submarino e descobrir o que havia acontecido. Permaneceu um mistério por vários meses. Houve até especulações de que ele poderia ter sido afundado por um navio russo. Finalmente, a Marinha localizou algo pelo sonar que poderia ser o submarino desaparecido. Como o local era tão profundo e que os humanos não poderiam descer, eles enviaram câmeras para baixo operadas da superfície para tentar identificar os destroços. O artigo a seguir foi publicado no Corpus Christi Caller (Texas), na sexta-feira, 3 de janeiro de 1969:

A causa da perda do Scorpion provavelmente foi interna

Fotografias subaquáticas de Washington do submarino nuclear USS Scorpion, que afundou nos Açores em maio passado com 99 homens a bordo, convenceram alguns especialistas da Marinha de que problemas no próprio submarino levou ao trágico acidente, fontes do Pentágono e do Congresso revelaram na quinta-feira.

"Se o Scorpion tivesse sido atingido por um torpedo ou raspado por um navio de superfície enquanto estava próximo à superfície, isso teria deixado danos identificáveis", disse uma fonte. "Mas as fotos sugerem que houve um problema no Scorpion que o arrastou para baixo da profundidade de esmagamento".

Foi entendido que um tribunal especial de inquérito da Marinha em Norfolk, Virgínia, que vem colhendo depoimentos desde junho, já terminou seu trabalho.

As conclusões e recomendações formais do tribunal estão sendo analisadas pelo quartel-general da Frota do Atlântico em Norfolk e espera-se que sejam encaminhadas ao Almirante Thomas H. Moorer, Chefe de Naval Operations, nos próximos dias. Espera-se que um anúncio público seja feito aqui até o final do mês.

Fontes familiarizadas com as conclusões do tribunal dizem que a causa exata da perda ainda não foi identificada, mas que a gama de possíveis causas foi reduzida a quatro.

São elas:
Falha de controle. Se o submarino, que estava retornando aos Estados Unidos depois de uma viagem pelo Mediterrâneo, estivesse navegando rápido e profundo e seu mecanismo de mergulho travasse repentinamente na posição de "mergulho", ele teria mergulhado abaixo da profundidade de esmagamento antes que as correções mecânicas pudessem ser feitas.

Os especialistas afirmam que, se a embarcação estivesse acima da profundidade de 200 pés, como é considerado provável, haveria tempo para corrigir essa falha. "A tripulação dos submarinos é instruída sobre o que fazer em uma circunstância como essa o tempo todo", disse um oficial, "mas lembre-se, quando ele começa a afundar, ele afunda rápido; um submarino é feito para submergir, afinal de contas".

Inundações causadas por pequenos vazamentos. Testemunhas em Norfolk disseram que o Scorpion tinha pequenas rachaduras no casco e nos eixos da hélice. Quanto mais fundo o submarino pode ter ido, maior teria sido a pressão da água contra as rachaduras, o que poderia forçar uma quebra súbita e um jorro de água. A embarcação estava chegando para manutenção, mas foi considerada em condições seguras para operar até uma determinada profundidade classificada.

Um torpedo com defeito dentro do submarino. De tempos em tempos, os torpedos são ativados acidentalmente. Nesse caso, os submarinistas recuam o torpedo para fora do tubo e o desarmam, ou atiram nele para fora do tubo. Se for um torpedo projetado para atingir o casco de outra embarcação, há um procedimento secreto que o navio adota para garantir que o torpedo não volte para o navio lançador.

Como as fotos tiradas pelo navio de pesquisa Mizar não mostram evidência de uma explosão fora do Scorpion, isso tende a eliminar a teoria de que o navio foi atingido por seu próprio torpedo. Mas isso não elimina a possibilidade de que um torpedo com defeito possa ter explodido dentro do navio.

Pânico. No caso de qualquer um dos problemas acima, um ou mais membros da tripulação podem ter entrado em pânico e começado a puxar as alavancas erradas. "Mas acreditava-se que essa tripulação era muito bem treinada e estável", disse uma fonte.

Portanto, não há muito mais que possa ser acrescentado. Se a Marinha não conseguiu chegar a uma conclusão definitiva, quem mais poderia? Mas nos perguntamos: será que Anita realmente viu o que aconteceu a bordo daquele navio?

Capítulo 14
A cortina desce

E assim, o experimento que começou tão casualmente se expandiu para abranger muitos meses e abriu muitos novos horizontes. Fomos apresentados a cinco personalidades fascinantes que não teríamos conhecido de outra forma, e fomos em uma aventura que não acreditávamos ser possível. Nesses poucos meses, a atitude e a maneira de pensar de muitas pessoas mudaram para sempre. Acreditamos sinceramente que foram mudados para melhor.

Embora Anita ainda quisesse permanecer anônima, muitos amigos foram à nossa casa durante esses meses para ouvir o último capítulo, como se fosse uma história contínua. Muitas dessas pessoas não a conheciam e era assim que ela queria. Eles ouviam a última gravação em fita em um estado de total admiração e incredulidade, e comentavam sobre ela depois. Todos nós estávamos sendo expostos pela primeira vez a uma maneira totalmente nova de pensar. Estávamos sendo bombardeados por novas ideias e conceitos como nunca havíamos sido expostos antes. Embora alguns estivessem confusos e atônitos por terem suas estruturas de crenças ameaçadas e ampliadas, eles não tinham nenhuma explicação para as coisas que surgiram durante as sessões.

Todos eles ofereceram muitas sugestões de coisas novas para tentar, novos caminhos para explorar. As possibilidades pareciam infinitas. Talvez pudéssemos tentar prever certos eventos futuros. Ela havia se saído tão bem ao olhar para trás, para o desaparecimento do Scorpion e o assassinato do presidente Kennedy, talvez ela pudesse olhar para outros eventos históricos específicos e ver o que realmente havia acontecido. A morte de Adolf Hitler no bunker em Berlim foi uma possibilidade mencionada. Havia inúmeras outras, cujos pensamentos sobre elas eram empolgantes e desafiadores. Parecia como se estivéssemos no limiar de todo o conhecimento, limitados apenas por nossa imaginação. Então, em meio a tudo isso, o que aconteceu? Por que o experimento foi encerrado repentinamente, deixando as fitas acumulando poeira em uma prateleira por 11 anos?

Tudo foi interrompido em uma noite escura em setembro de 1968. Muitas coincidências (se é que isso existe) estavam em ação naquela noite para levar tudo a um clímax estrondoso que mudaria para sempre o curso de nossas vidas.

Johnny tinha jogado boliche em uma liga na cidade e estava retornando ao trabalho na base. As máquinas de boliche estavam funcionando mal naquela noite e ele estava saindo mais tarde do que o normal. (Coincidência?) Ao mesmo tempo, um oficial da Marinha estava bebendo no clube "O" (de Officer's) da base durante todo o dia e havia escolhido aquele horário para decidir ir para sua casa na cidade. Em várias outras ocasiões, esse homem havia se metido em problemas por causa da bebida, e mais tarde ele diria que nem se lembrava do que havia acontecido naquela noite.

O filme na base estava acabando, e uma longa fila de trânsito estava se afastando da base em direção à cidade. O policial decidiu tentar passar por toda a fila, e Johnny se deparou com os faróis ofuscantes em uma curva, sem ter como escapar. Isso resultou em uma terrível colisão frontal, com Johnny esmagado e mutilado contra o metal de sua van Volkswagen (Kombi).

A força total foi direcionada para suas pernas e a artéria principal de seu tornozelo foi cortada. Ele também sofreu três concussões cerebrais. Por coincidência (?), um médico legista estava no carro logo atrás e foi o primeiro a chegar ao local. Somente seu tratamento de emergência impediu que Johnny morresse de hemorragia imediatamente. O que se seguiu foram 45 minutos de agonia indescritível enquanto as equipes de emergência tentavam desesperadamente retirá-lo do carro. O médico no local chegou à conclusão de que a única solução era amputar suas pernas ali dentro do carro para libertá-lo. Ele hesitou porque temia que o choque o matasse. Johnny permaneceu consciente, apesar dos medicamentos que lhe foram dados, e a morfina parecia não ter efeito.

Então, o corpo de bombeiros voluntário decidiu tentar mais um método. Se não desse certo, a amputação seria a única alternativa. Eles prenderam um de seus caminhões na parte dianteira e um carro na parte traseira da van e tentaram separar o metal. O método foi bem-sucedido e ele foi apressadamente colocado a bordo de um helicóptero que o aguardava e partiu para o Hospital Naval de Corpus Christi, a 70 milhas de distância.

Durante o voo agitado, ele perdeu todo o sangue de seu corpo e seu coração parou três vezes. Seu sangue era de um tipo raro, A negativo e tudo o que estava disponível era o tipo O, o tipo universal de doador. Eles presumiram que, a essa altura, isso já não importava mais, eles tinham que colocar alguma coisa nele. O médico começou a se desesperar porque não conseguia colocar as agulhas nas veias de Johnny. Então, mais uma vez por coincidência (?), havia um médico a bordo que acabara de voltar do Vietnã e perguntou se poderia tentar um procedimento que havia realizado durante a guerra. Ele fez um corte diretamente na artéria femoral e inseriu a agulha ali. Mais tarde, recebeu uma menção por suas ações naquela noite.

O helicóptero pousou no gramado do hospital e Johnny foi levado às pressas para a emergência, onde cinco médicos trabalhavam freneticamente sobre ele. Seu rosto estava dilacerado, ele havia sofrido três concussões cerebrais, havia perdido todo o sangue de seu corpo e suas pernas estavam, como vidro de janela, estraçalhadas. Os médicos fizeram apenas procedimentos de emergência. Eles tinham certeza de que ele não sobreviveria à noite.

O médico da base havia retornado com o helicóptero antes de eu ser notificada, e uma ambulância foi direcionada para me levar ao hospital em Corpus Christi. O médico foi bastante franco, mas também gentil, pois me disse que talvez já fosse tarde demais. Que Johnny poderia estar morto antes que eu pudesse chegar lá. Mesmo que ele pudesse viver, ele havia perdido muito sangue por muito tempo e tinha sofrido concussões cerebrais, e certamente haveria danos cerebrais. Com quase toda certeza ele seria um vegetal. E, suas duas pernas quase certamente seriam amputadas. Ele tinha muitas coisas contra ele.

Somente alguém que tenha passado por uma experiência como essa pode saber as emoções que passaram pela minha cabeça. Aqui estava um homem que eu amei por 20 anos. Ele estava sofrendo terrivelmente e não havia nada que eu pudesse fazer para ajudar. Tudo começou a parecer como um sonho, um aspecto irreal, enquanto eu percorria os 70 quilômetros até o hospital na ambulância.

O motorista e o médico foram gentis e compreensivos, mas não podiam saber o que estava passando pela minha cabeça. Eu sabia que Johnny não morreria. Eu não permitiria pensar, nem por um minuto, que ele poderia morrer. Suponho que isso poderia ser uma típica negação da realidade diante de uma tragédia. Mas eu sabia algo que eles não sabiam, e me agarrei a isso com todas as minhas forças.

Em uma das fitas, pedimos a Anita que olhasse para o nosso futuro e nos dissesse o que estaríamos fazendo daqui a alguns anos. Ela disse: "Eu os vejo em um estado do sul, em uma mudança de estação, mas os invernos não são tão rigorosos como no norte. Um lugar muito bonito, não uma fazenda, mas com terra ao seu redor. Você terá uma vida muito longa. Quando olho para você, vejo-o como um homem muito velho. O senhor tem bisnetos ao seu redor. (Nossa filha mais velha tinha apenas 15 anos na época do acidente.) Vejo bondade ao seu redor. Você está aprendendo, as lições estão começando a ser transmitidas. É por isso que você vai viver muito tempo. Você realizará muito nesta vida. Você ajudará muitas pessoas".

O que havíamos vivenciado durante os meses em que trabalhamos no experimento hipnótico deixou uma impressão duradoura. Sabíamos em nosso coração que o que Anita havia relatado em transe era verdade e acreditávamos nisso. E se acreditávamos nisso, tínhamos de acreditar em tudo. Então eu sabia que ele não poderia morrer, não se Anita o visse vivo e bem, tão longe no futuro. Portanto, agarrei-me ao meu segredo e isso me deu uma força que eu não sabia que possuía.

Quando cheguei ao hospital, fui levado a uma sala de espera. Nunca me esquecerei da visão daqueles cinco médicos entrando na sala, cada um me dizendo algo diferente que mataria Johnny durante a noite. Os ferimentos eram muito extensos; muita perda de sangue; muito choque. As muitas fraturas em suas pernas liberaram fragmentos de ossos, medula óssea, coágulos e coágulos de gordura em sua corrente sanguínea. Ninguém jamais havia sobrevivido nessa condição antes.

Sei que os médicos estavam tentando me preparar para o pior, e eles devem ter achado estranho o fato de eu não estar mais emocional. Mas eu guardava meu segredo bem dentro de mim. Eu sabia coisas que eles não podiam saber. Eu disse: "Sinto muito, mas vocês estão errados, ele não vai morrer. Vocês não o conhecem. Se houver um caminho, ele o encontrará".

Os médicos ficaram em silêncio por alguns instantes. Então, um deles disse: "Bem, se ele tiver esse tipo de personalidade, talvez tenha uma chance".

Quando vi Johnny na Unidade de Terapia Intensiva (UTI), ele estava quase irreconhecível. Seu rosto e cabeça tinham sido apressadamente suturados às pressas, e dois grandes médicos o estavam segurando na cama. Seus ferimentos na cabeça o deixaram delirante e violento. Ele estava com os olhos arregalados e obviamente em choque. Ele não sabia quem eu era. Acho que ele nem me viu. Eu sabia que não havia nada que eu pudesse fazer para ajudá-lo. Então fui para o quarto que me deram e orei: "Não há nada que ninguém possa fazer. Ele está em suas mãos, agora. Seja feita a sua vontade". E caí em um sono profundo, confiante de que ele estaria melhor pela manhã.

O dia seguinte amanheceu cinzento e chuvoso. Um clima adequado para a ocasião. Quando entrei na UTI, vi que o primeiro dos "milagres" havia ocorrido. Ele havia sobrevivido à noite. Não estava mais preso, estava dormindo. Os médicos disseram que ainda estava em um estágio inicial. O próximo "milagre" aconteceu mais tarde, quando ele recuperou a consciência momentaneamente. Os médicos ficaram em volta da cama fazendo-lhe perguntas: Ele sabia onde estava? Ele sabia quem eram eles? Ele sabia quem eu era? Então, com grandes sorrisos, eles disseram: "Ele é coerente. Seu cérebro não foi afetado!"

Nos dias e noites seguintes, fiquei sentada ao lado de sua cama, ele estava dormindo e de repente acordava com os olhos arregalados e assustado. Então, quando me via ali sentado, voltava a dormir, pacificamente. Os médicos disseram que toda vez que um pedaço de medula óssea atingia seu cérebro, ocorria um lapso de memória, então as semanas seguintes foram muito confusas para ele.

O "milagre" número três começou a acontecer naquela primeira semana. Seu rosto começou a se curar com uma rapidez surpreendente. Os pontos foram removidos e os sinais de danos começaram a desaparecer rapidamente, deixando apenas leves traços de cicatrizes.

As enfermeiras e os médicos pararam ao lado da cama para observá-lo, de modo que, certa vez, ele me pediu que lhe trouxesse um espelho. Ao olhar para seu reflexo, ele disse: "O que todo mundo está olhando? Não há nada de errado com meu rosto!"

Eu respondi: "É por isso que eles estão olhando".

Conversei com o médico que havia costurado seu rosto às pressas naquela noite e lhe disse: "Você realmente fez um bom trabalho em condições difíceis".

"Ouça", disse ele, com uma expressão confusa no rosto. "Eu não estou entendendo. Eu esperava fazer pelo menos cinco operações de cirurgia plástica. Agora não vou ter que fazer nada!"

Todos pareciam compartilhar a sensação de que alguma força estranha estava agindo aqui, algo não natural. As enfermeiras me disseram que tinham visto pessoas morrerem com ferimentos que não chegavam à metade da gravidade dos dele. A notícia começou a se espalhar rapidamente pelo hospital sobre o Homem Milagroso na UTI.

Não pude deixar de me regozijar internamente, pois não havia sentido o tempo todo que ajuda viria de uma fonte superior? Secretamente talvez, mas também fiquei extremamente grata pelo fato de haver uma fonte superior que cuidava das coisas.

Quando ficou óbvio que ele sobreviveria, eles começaram a tentar salvar suas pernas. Decidiram não amputar por enquanto e o colocaram em um gesso que ia das axilas até os dedos dos pés. Essa seria sua prisão por oito longos meses.

Após o primeiro mês na UTI, ele foi transferido para a ala hospitalar. Devido ao corte da artéria principal no tornozelo, a circulação não retornou ao pé, que se tornou gangrenoso e, por fim, ele perdeu o pé. Mas isso foi muito melhor do que perder as duas pernas!

Um médico me deixou muito orgulhoso quando me disse: "Sabe, você merece parte do crédito por isso. Ele deve ter sido um homem muito feliz. Ele não queria morrer".

Johnny passou mais de um ano naquele hospital e, finalmente, recebeu dispensa da Marinha dos EUA como veterano inválido com 21 anos de serviço. Disseram que ele provavelmente ficaria em uma cadeira de rodas pelo resto de sua vida. Suas pernas haviam sido muito danificadas para suportar seu peso. Mas, mais uma vez, eles estavam errados. Eles subestimaram a coragem do homem. Ele agora caminha com a ajuda de uma cinta e muletas.

Nos anos que se seguiram, houve muitos ajustes a serem feitos. Nós nos aposentamos para viver em uma pensão no Arkansas, em um lugar que se aproximava da previsão de Anita.

Algumas pessoas disseram, de forma bastante cruel, que o que aconteceu com Johnny foi um castigo. Um castigo por bisbilhotar em cantos proibidos, por olhar para coisas ocultas que ele não tinha o direito de investigar ou saber. Reencarnação! Obra do demônio!!! Não posso, não vou aceitar isso. O Deus que foi mostrado a nós durante as sessões hipnóticas era bom, gentil, amoroso e extremamente paciente. Esse tipo de Deus era incapaz de tal coisa. Não tenho dúvidas de que o acidente aconteceu por um motivo. Mas como um castigo? Nunca! Acho essa explicação impensável!

Em momentos de reflexão, eu me perguntei se teria tido forças para lidar com esses eventos horríveis sem aquele breve vislumbre do nosso futuro. Sem esse conhecimento prévio de que tudo ficaria bem, eu teria entrado em colapso sob o estresse e a tensão mental de cuidar de uma família e de um marido que estava morrendo? Portanto, eu sei que as sessões serviram a muitos propósitos. Elas forneceram informações desconhecidas e surpreendentes para muitas pessoas que nunca haviam pensado em tais coisas antes. E também nos prepararam para eventos que, de outra forma, certamente teriam nos dominado. Por ambos motivos, as sessões hipnóticas que ocorreram durante aqueles poucos meses em 1968 mudaram nossa vida para sempre.

Nos dias de grande preocupação com o futuro, não é mais considerado sacrilégio questionar a razão da vida. Os últimos tabus estão finalmente sendo eliminados do mistério da morte e do além.

Talvez existam outras pessoas que começaram céticos como nós. Talvez este relato de nossa aventura no desconhecido possa alcançá-las e ajudá-las. Pois, ela não disse, quando estávamos falando com o Espírito Perfeito: "Aprenderei e ajudarei as pessoas na Terra, a família. Só que a Terra está tão perturbada que Ele nos pediu para voltar e ajudar. E precisamos ajudar as pessoas de lá. Ele as criou. Ele as criou e sabia que, ao criá-las, elas não fariam o que Ele pediu. Mas Ele se sentiu compelido, em sua bondade, ao mais belo de todos os planetas, a lhe dar pessoas, um animal com conhecimento. E Ele sabia que eles não usariam o conhecimento corretamente".

Portanto, talvez ao escrever este livro, eu esteja cumprindo, em pequena parte, minha obrigação.

Ao ouvir as fitas, ficamos nos perguntando: "De onde veio tudo isso?" A primeira e mais óbvia possibilidade é: "do subconsciente". Mas ainda é preciso perguntar: "Como isso foi parar lá, em primeiro lugar?" Não temos a pretensão de saber, nem ninguém pode saber.

Podemos apenas especular e nos maravilhar com a complexidade da mente humana.

E assim a cortina desce sobre nossa aventura, com muitas, muitas perguntas ainda sem resposta.

Epílogo

Muitas pessoas me perguntaram o que aconteceu com os principais personagens de nossa história. Elas queriam saber especialmente o que aconteceu com Anita. Ela ainda estava morando no Texas quando nos mudamos para o Arkansas para começar a reconstruir nossa vida. Durante as regressões, ela olhou para frente para ver o que estaria fazendo em 1970. Ela se viu em um estado do nordeste, onde os invernos eram mais rigorosos. Ela descreveu o lugar e acrescentou: "Meu marido me ajudou a fazer essa mudança, mas nem tudo foi desempacotado e ele vai embora. Ele voou para algum lugar em um avião. Ele foi embora mais cedo do que pensou que teria que ir".

Depois de nos estabelecermos, escrevi para Anita em 1970. Eu acreditava tanto na previsão que tinha certeza de que ela não estava mais em Beeville. Com confiança, escrevi no envelope: "Por favor, encaminhe". Poucos meses depois, recebi uma resposta de Maine. Eles haviam sido transferidos para um lugar que correspondia à descrição dela. Ela achou engraçado o fato de que outra parte da previsão também havia se concretizado. Seus pertences tinham acabado de ser entregues e ela ainda estava cercada por caixas de embalagem quando seu marido anunciou que estava sendo enviado para a escola por alguns meses. Ela teria de cuidar da organização da casa sozinha. Ela estava muito feliz por estar no Leste. Sentia-se muito à vontade lá. Mantivemos contato até meados da década de 1970, mas não tivemos mais notícias dela.

Após anos de recuperação e reabilitação, Johnny saiu da grave depressão que acompanha esse tipo de tragédia. Ele é muito ativo em grupos sociais, clubes de rádio amador e organizações de veteranos, e de fato ajuda muitas pessoas. Sua vida tomou uma direção totalmente diferente e ele não tem mais interesse em hipnose. Ele ainda acredita em reencarnação e sabe que descobrimos uma grande quantidade de informações úteis, mas sua vida mudou tanto que ele não quer mais fazer experimentos hipnóticos.

Embora a centelha acesa pela experiência que compartilhamos tenha permanecido adormecida por 11 anos, ela foi reacendida quando comecei a trabalhar neste livro. Meus filhos estavam todos saindo de casa, casando ou indo para a faculdade. Todos eles estavam levando suas próprias vidas e ficou evidente que eu teria de encontrar algo para preencher as horas vagas. Suponho que o que escolhi fazer não seria a resposta para uma esposa e mãe comum. Meus interesses estavam mais voltados para o bizarro. Enquanto eu preparava esse livro em 1979, descobri que gostava de escrever, e isso me levou a escrever artigos para revistas e jornais enquanto tentava levar o livro a editoras interessadas. Meu interesse pela reencarnação nunca havia realmente morrido, apenas foi colocado em espera por 11 anos. Ele deve ter estado sempre escondido sob a superfície. Reviver essa experiência por meio da transcrição das fitas e escrever sobre o experimento me levou a querer explorar mais esse campo. Se Johnny não estava mais interessado nesse tipo de pesquisa, decidi que teria de aprender hipnose e fazer esse trabalho por conta própria. Durante a década de 1960, a técnica popular era o uso de métodos de indução longos e a utilização de testes para determinar a profundidade do transe. Eu não gostava desse tipo, então procurei métodos mais simples. Descobri que era possível obter uma indução mais rápida com o uso de técnicas de visualização. Tornei-me uma regressionista. Esse é um termo para um hipnotizador especializado em regressões a vidas passadas, terapia de vidas passadas e pesquisa de reencarnação. Comecei a conduzir experimentos com seriedade em 1979 e trabalhei com psicólogos usando isso como uma ferramenta na terapia de vidas passadas. Nos últimos 30 anos, fiz regressões e cataloguei milhares de casos. Em 1986, tornei-me uma investigadora hipnótica da MUFON (Mutual UFO Network) e trabalhei em casos suspeitos de abdução. Durante esses anos, escrevi quinze livros sobre meus casos mais interessantes e incomuns. Acumulei tanta riqueza de materiais que há muitos outros livros esperando para serem escritos. Criamos a Ozark Mountain Publishing em 1991 para divulgar o conhecimento e as informações sobre metafísica para pessoas de todo o mundo.

Portanto, este livro é a história de meu início nesta fascinante área. Tudo começou com o trabalho e a curiosidade do meu marido. Eu era apenas uma observadora que segurava o microfone para o sujeito e fazia várias anotações. Mas se não fosse por esse início inocente e ingênuo, eu nunca teria sido levada a buscar o caminho que me levou a inúmeras jornadas pela estrada do desconhecido. Sem esse evento estranho e incomum que ocorreu em minha vida em 1968, eu provavelmente seria uma dona de casa e avó "normal" e nenhuma dessas aventuras teria sido registrada. Assim são as leis do acaso e... coincidência? Acredito que nunca nos é dado mais do que podemos suportar. As informações que descobrimos em 1968 foram extremamente surpreendentes. No entanto, o que descobri em meu trabalho nos anos seguintes foi ainda mais complexo. Eu nunca poderia ter lidado com isso no início. Portanto, parece que o conhecimento deve ser dado lenta e sutilmente, para que seja aceito e não seja considerado esmagador. Já foi dito que, uma vez que a mente tenha sido expandida por uma ideia ou conceito, ela nunca mais poderá voltar à sua forma original de pensamento. Assim, cada etapa do meu trabalho causou uma expansão. O que descobri em 1968 agora parece bastante simples e rudimentar. No entanto, foi parte do todo que me levou ao estágio em que estou agora. Quando visto sob esse conceito, todo conhecimento é essencial e necessário. Espero que sempre seja assim e que eu possa continuar a crescer e explorar o desconhecido, levando meus leitores comigo.

Johnny Cannon passou 25 anos em uma cadeira de rodas, mas conseguia andar ao ar livre com a ajuda de um aparelho e muletas. Ele dirigia um carro especial com controle manual enquanto ajudava as pessoas em todo o condado como Agente veterano de serviço. Ele faleceu em 1994 e, de fato, viveu para ver seus bisnetos. Este livro é dedicado a esse homem extraordinário e ao tremendo legado que ele deixou para trás.

Página da autora

Dolores Cannon, uma hipnoterapeuta e pesquisadora psíquica que registra o conhecimento "perdido", nasceu em 1931 em St. Louis, Missouri. Ela foi educada e viveu em St. Louis até se casar em 1951 com um marinheiro de carreira. Ela passou os 20 anos seguintes viajando por todo o mundo, como uma típica esposa da Marinha, e criando sua família. Em 1970, seu marido foi dispensado como veterano inválido, e eles se aposentaram nas colinas do Arkansas. Ela então iniciou sua carreira de escritora e começou a vender seus artigos para várias revistas e jornais. Ela está envolvida com hipnose desde 1968, e exclusivamente com terapia de vidas passadas e trabalho de regressão desde 1979. Ela estudou os vários métodos de hipnose e, assim, desenvolveu sua própria técnica exclusiva que lhe permitiu obter a liberação mais eficiente de informações de seus clientes. Dolores agora está ensinando sua técnica exclusiva de hipnose em todo o mundo.

Em 1986, ela expandiu suas investigações para o campo dos OVNIs. Ela já fez estudos no local de supostos pousos de OVNIs e investigou os Crop Circles (círculos nas plantações) na Inglaterra. A maior parte de seu trabalho nesse campo tem sido a acumulação de evidências de suspeitas de abdução por meio de hipnose.

Dolores é uma palestrante internacional que já deu palestras em todos os continentes do mundo. Seus treze livros estão traduzidos em vinte idiomas. Ela já falou para audiências de rádio e televisão em todo o mundo. E artigos sobre ou escritos por Dolores, apareceram em várias revistas e jornais americanos e internacionais. Dolores foi a primeira americana e a primeira estrangeira a receber o "Prêmio Orpheus" na Bulgária, pelo maior avanço na pesquisa de fenômenos psíquicos. Ela recebeu prêmios "Outstanding Contribution" e "Lifetime Achievement" (Contribuição extraordinária e conquista de uma vida) de várias organizações de hipnose.

Dolores tem uma família muito grande que a mantém solidamente equilibrada entre o mundo "real" de sua família e o mundo "invisível" de seu trabalho.

Se você deseja se corresponder com Dolores sobre seu trabalho, sessões particulares ou suas aulas de treinamento, envie para o seguinte endereço. (Favor incluir um envelope selado e endereçado para sua resposta).

Dolores Cannon,
P.O. Box 754,
Huntsville, AR, 72740, EUA

Ou envie um e-mail para ela em decannon@msn.com ou por meio de nosso site: www.ozarkmt.com

Other Books by Ozark Mountain Publishing, Inc.

Dolores Cannon
A Soul Remembers Hiroshima
Between Death and Life
Conversations with Nostradamus,
 Volume I, II, III
The Convoluted Universe -Book One,
 Two, Three, Four, Five
The Custodians
Five Lives Remembered
Horns of the Goddess
Jesus and the Essenes
Keepers of the Garden
Legacy from the Stars
The Legend of Starcrash
The Search for Hidden Sacred
 Knowledge
They Walked with Jesus
The Three Waves of Volunteers and the
 New Earth
A Very Special Friend
Aron Abrahamsen
Holiday in Heaven
James Ream Adams
Little Steps
Justine Alessi & M. E. McMillan
Rebirth of the Oracle
Kathryn Andries
Time: The Second Secret
Will Alexander
Call Me Jonah
Cat Baldwin
Divine Gifts of Healing
The Forgiveness Workshop
Penny Barron
The Oracle of UR
P.E. Berg & Amanda Hemmingsen
The Birthmark Scar
Dan Bird
Finding Your Way in the Spiritual Age
Waking Up in the Spiritual Age
Julia Cannon
Soul Speak – The Language of Your
 Body
Jack Cauley
Journey for Life
Ronald Chapman
Seeing True
Jack Churchward
Lifting the Veil on the Lost
 Continent of Mu

The Stone Tablets of Mu
Carolyn Greer Daly
Opening to Fullness of Spirit
Patrick De Haan
The Alien Handbook
Paulinne Delcour-Min
Divine Fire
Holly Ice
Spiritual Gold
Anthony DeNino
The Power of Giving and Gratitude
Joanne DiMaggio
Edgar Cayce and the Unfulfilled
 Destiny of Thomas Jefferson
 Reborn
Paul Fisher
Like a River to the Sea
Anita Holmes
Twidders
Aaron Hoopes
Reconnecting to the Earth
Edin Huskovic
God is a Woman
Patricia Irvine
In Light and In Shade
Kevin Killen
Ghosts and Me
Susan Linville
Blessings from Agnes
Donna Lynn
From Fear to Love
Curt Melliger
Heaven Here on Earth
Where the Weeds Grow
Henry Michaelson
And Jesus Said – A Conversation
Andy Myers
Not Your Average Angel Book
Holly Nadler
The Hobo Diaries
Guy Needler
The Anne Dialogues
Avoiding Karma
Beyond the Source – Book 1, Book 2
The Curators
The History of God
The OM
The Origin Speaks

For more information about any of the above titles, soon to be released titles,
or other items in our catalog, write, phone or visit our website:
PO Box 754, Huntsville, AR 72740|479-738-2348/800-935-0045|www.ozarkmt.com

Other Books by Ozark Mountain Publishing, Inc.

Psycho Spiritual Healing
James Nussbaumer
And Then I Knew My Abundance
Each of You
Living Your Dram, Not Someone Else's
The Master of Everything
Mastering Your Own Spiritual Freedom
Sherry O'Brian
Peaks and Valley's
Gabrielle Orr
Akashic Records: One True Love
Let Miracles Happen
Nikki Pattillo
Children of the Stars
A Golden Compass
Victoria Pendragon
Being In A Body
Sleep Magic
The Sleeping Phoenix
Alexander Quinn
Starseeds What's It All About
Debra Rayburn
Let's Get Natural with Herbs
Charmian Redwood
A New Earth Rising
Coming Home to Lemuria
David Rousseau
Beyond Our World, Book 1
Richard Rowe
Exploring the Divine Library
Imagining the Unimaginable
Garnet Schulhauser
Dance of Eternal Rapture
Dance of Heavenly Bliss
Dancing Forever with Spirit
Dancing on a Stamp
Dancing with Angels in Heaven
Annie Stillwater Gray
The Dawn Book
Education of a Guardian Angel
Joys of a Guardian Angel
Work of a Guardian Angel
Manuella Stoerzer

Headless Chicken
Blair Styra
Don't Change the Channel
Who Catharted
Natalie Sudman
Application of Impossible Things
L.R. Sumpter
Judy's Story
The Old is New
We Are the Creators
Artur Tradevosyan
Croton
Croton II
Jim Thomas
Tales from the Trance
Jolene and Jason Tierney
A Quest of Transcendence
Paul Travers
Dancing with the Mountains
Nicholas Vesey
Living the Life-Force
Dennis Wheatley/ Maria Wheatley
The Essential Dowsing Guide
Maria Wheatley
Druidic Soul Star Astrology
Sherry Wilde
The Forgotten Promise
Lyn Willmott
A Small Book of Comfort
Beyond all Boundaries Book 1
Beyond all Boundaries Book 2
Beyond all Boundaries Book 3
D. Arthur Wilson
You Selfish Bastard
Stuart Wilson & Joanna Prentis
Atlantis and the New Consciousness
Beyond Limitations
The Essenes -Children of the Light
The Magdalene Version
Power of the Magdalene
Sally Wolf
Life of a Military Psychologist

For more information about any of the above titles, soon to be released titles,
or other items in our catalog, write, phone or visit our website:
PO Box 754, Huntsville, AR 72740|479-738-2348/800-935-0045|www.ozarkmt.com

www.ingramcontent.com/pod-product-compliance
Lightning Source LLC
Chambersburg PA
CBHW062204080426
42734CB00010B/1779